本棚には裏がある

酒井順子

毎日新聞出版

本棚には裏がある

まえがき

本を読むことが好きか、と問われれば、

「好き」

と小声で答える私。しかし本を読むことが得意か、と問われたら、首をかしげざるを得ません。

難しい本は、わからない。

皆が知っている名作は、ほとんど読んでいない。

読んだ内容をすぐ、忘れる。

……と、決して読書上手ではないのであり、

「ええ私、読書が好きなんです」

と堂々と言うことなど、とてもできません。

大きな書店に行って、文芸書やマンガ、ハウツー本、参考書、地図、絵本……と様々な本を見ていると、「これは、一口に『本』と言ってしまってよいのだろうか」という気持ちになるのでした。

確かにどれも、文章や絵、写真などが印刷された紙を綴じた形態の、「本」ではあります。しかしそれらはこの世の中のあまりに広い領域をカバーしており、『ぐりとぐら』の絵本と研究者が読む学術書が同じ「本」という物体だとは、思えなくなるのです。そして今は、紙不使用の電子書籍もまた「本」だというのですから、困惑は深まるばかり。

私のような者にとって、「本」と言って思い浮かべるのは、主に文芸書の類《たぐい》。しかし今、総合書店であっても、文芸書の棚の幅がマンガやビジネス書よりも狭いところは珍しくありません。「本」という単語を聞いてイメージする物体は人によって大きく異なるのであり、勝手に「本とはこういうもの」「読書は、こんな行為」というイメージを作ってはいけないのだろう、とも思う。

ある若い男性と話していた時に、

「本とか、読みます？」

と聞いたところ、

「本？」

としばしポカンとした後に、

「本って、こういうのっすか？」

と、マンガ誌を見せてくれたことがありました。

「ああ、そういうのも本っすね。いや雑誌かな。でも本の仲間っす」

と答えつつ、私は何やら爽やかな気持ちになっていたのでした。若者の本離れ、などと言われているけれど、もはや「本とは何か」ということすら知らない若者がいるとは、むしろ清々しいではないか、と。

そんな世において、二〇〇五年から「週刊文春」において連載している「読書日記」の、二〇一四年から二〇二三年分の回から抜粋したものが、本書となっています。「本とは何か」を知らない若者がいる中でこれは、私という個人が、「本」というものをどう捉えているかを示す本。特に新型コロナウイルスの流行以降は、自分にとって本とは、そして読書とは、と見つめ直す時間ともなりました。

人がどのような本を読んでいるかは、その人の性格や趣味を如実に示します。ですから私は、自分の書棚を見られるのも、また電車の中で何を読んでいるかを知られるのも苦手なのですが、しかしこれはまさに、自分がどのような本を読んでいるかを開陳する本なのでした。

あの人の著書が何冊も入っているということは……とか、あの手の本はあまり読まないのか……といったことが皆さまにばれるかと思うとたいそう恥ずかしいのですが、しかし文章に書いていることが全てとは限りません。

夢中で読み終わって陶然とし、「この面白さをどう伝えればいいのか」とお手上げ状態になったまま書くことができなかった本もあれば、「面白そう！」と手に取ったはよいものの、ページをめくると「あら？」という読み応えで、最後まで読まなかった本もあり……。広すぎる本の海でゆらゆらと航行する、一隻の小舟の引き波を感じていただければ幸いです。

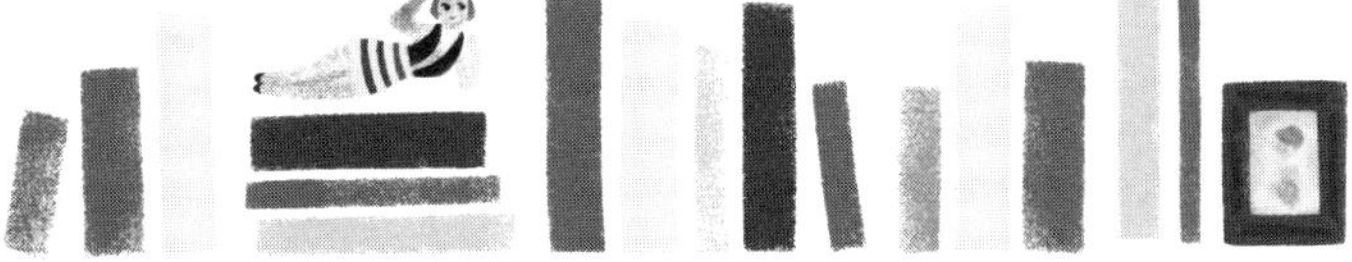

II 暮らしを巡る本

III　歴史の中へ、社会の中へ

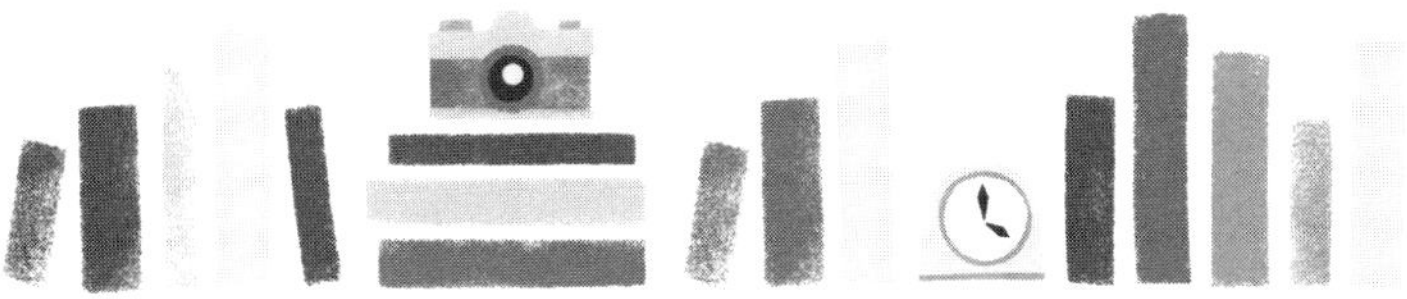

IV 旅の空から

ブックデザイン・イラストレーション　重実生哉

Ⅰ　女の仕事と人生と

必死に生きた女達

小学校の図書室にずらりと並んでいた偉人の伝記を、私は全く読む気にならなかった。「どうせ、良い人の良い話しか書いてないのだろう」、と。どうしようもない人のどうしようもない話の方が、子供にはずっと魅力的だったのだ。

しかし大人になってから伝記を読むと、「伝記って、こんなに面白いものだったのか」と気付く。大人になって、「功成り名を遂げる」ということがいかに大変かも知っているので、苦労話も身にしみる。そして、偉人だからといって良いことばかりしていたわけでもないことも、我々は既にわかってしまったのだ。

女の偉人と言えばこの人、キュリー夫人の伝記にも子供の頃は全く食指が動かなかったが、大人になったので『**キュリー夫人伝**』（エーヴ・キュリー著、河野万里子訳、白水社）を読んでみた。マリー・キュリーの大人向け伝記は何種類か出ているが、この伝記は次女のエーヴが記したもの。娘ならではの愛情に満ちた、そして人生を細やかに見つめた一冊となっている。

伝記に対する感動の仕方は、一つではない。「この人、こんなに頑張っていたのね」という尊敬を伴う感動、および「この人もこんなことしていたの！」という意外な感動。そして本書を読んで我々が抱くのは、前者の感動である。

いわば伝記に伴う一般的な感動であるわけだが、マリー・キュリーの場合は、その頑張り方が尋常ではない。ロシア圧政下のポーランドに生まれたマリーは、並外れた努力と忍耐の末、パリに留学。その努力と忍耐は、しかし留学後も終らない。お金の無いマリーは、餓死寸前まで根をつめて勉強し、寒さで眠れぬ夜は、布団の上に椅子を乗せて、その重みで寒さをしのごうとすらしたのだ。

やがてマリーは、才能にあふれた年上の学者、ピエール・キュリーと出会って結婚し、共に研究を進めるように。二人の娘が産まれると、研究にも家庭生活にも手を抜かないマリーは、ほとんど常に過労状態となり、放射線の研究による体調不良にも見舞われる。

マリーはすなわち、元祖「全てを手に入れ、全てに手を抜かない女」。やがて彼女は、女性初のノーベル賞まで手中にした。

読者が感動するのは、しかし「尋常ならざる努力」に対してではない。研究も家事も、「したくてしている」というその姿に対してである。今、仕事も家事も子育ても、とヘトヘトになっている女性達がこの本を読んだら、「こんなに頑張った女性がいたのだから、私も」と前向きな気持ちになる人が半分、そして「ここまでクソ意地を出して頑張ってしまった前例があるから、私たちがこんなに苦労しなくてはならないのよ」といまいましく思う人が半分、なのではないか。

マリーが三十八歳の時、夫のピエールは突然、事故死してしまう。マリーはシングルマザーとして、子供のみならず舅の面倒まで見ながら、夫とともに進めていた研究を引き継ぐ。その後マリーはもう一度、ノーベル賞を受賞。娘達を立派に育て上げると、今度は娘までノーベル賞を受賞するのだ。

実の娘が記したこともあり、この本ではマリーの良い面、清い面が強調される。しかし別の伝記を読めば、夫の死後、ある既婚男性と恋愛関係になって、世間から非難されたこともあったという。

その事実を知ると、私は少しほっとするのだった。高潔な人格と努力の才能を持つマリーにも、人間としての生々しい一面があったのであり、その一面を見ることによって、私たちはマリー・キュリーに一歩、近寄ることができるのだ。

❀

二〇〇一年に四十四歳で急逝したノンフィクション作家・井田真木子について、関川夏央は、「生まれつき『サーモスタット』が欠落していたらしい彼女は、自分の体を燃やしながら回転するエンジンに似ていた。そうやって彼女が発した高い輻射熱は、ときに周囲を焼いた」と記している。その文章も収められた『**井田真木子著作撰集**』(里山社)を読んで私は、「キュリー夫人と似ている……」と、思った。餓死寸前まで勉強した、マリー。そして井田真木子も、しばしば栄養失調で病院へ運ばれたという。

井田真木子は、何にそんなに夢中になったのかというと、それは「他者」であり「事実」である。彼女は、他者そして事実を見ることに、寝食を忘れていた。そしてその姿を伝えることに、命を削った。

本書には、『プロレス少女伝説』、『同性愛者たち』、『かくしてバンドは鳴りやまず』といった名作ノンフィクションが収められている。二段組の厚い本であるが、読み始めればどんどん本の中に引き込まれて行く。十年以上前に他界された著者の持つ熱が、今も感じられるのだ。

事実を伝えようとする者がその事実を「見る」時には、細心の注意が必要となる。タイムトラベラーがしばしば歴史を変えてしまうように、観察者は被観察者の行為や思考に影響を及ぼすものだから。

しかし井田真木子は、自らも事実の中に積極的に巻き込まれていく印象を受ける。大きな渦の中に自らも身を投じて、影響を与えつつ受けつつ、その事実を共に背負って、結果として表現する。だからこそ彼女が対象から聞き出す言葉は、刺激的で熱いのだ。

その手法は、彼女にとっては諸刃の剣だった。単に「見る」だけであれば決して消耗しなかったはずのものを、彼女は「身を投じる」ことによって削っていったのではないか。

井田真木子は、

「ノンフィクションというのは結局、〝目〟だ」

と書いている。しかし彼女は、目で見ることのみを「観察」だとは思っていない。彼女がとるのは、「その人の目の中にもぐりこんだり出たりを繰り返す」という手法。

エッセイを生業《なりわい》とする私もまた、基本的には事実を書く者だが、しかし事実の取り扱い方はノンフィクション作家とは全く異なる。私は、火の粉がふりかからない場所から事実をふんふんと眺めるのだが、井田真木子はまさに命を賭して、他者の中、そして事実の中に入り込んだ。

なぜ彼女は、そうしたのか。……と考えてみると、「事実の向こうに真実を求めた」からではないかと、私は思う。ある事実をとことん追求した時には美しい輝きが現れると彼女は信じていて、それを発見するために、どんなハードワークも惜しまなかった。

私がそう思ったのは、この本には詩が収められていたから。本書を読むまで私は知らなかったのだが、井田真木子は若き日に詩集を出している。詩とノンフィクションというとかけ離れた手法のように思えるが、しかし「真実を希求する」という意味において、両者は通底しているのではないか。

決して詩を書かない私には、井田真木子のノンフィクションが、とても美しく感じられた。そういえば、マリー・キュリーが発見した一つの「真実」であるラジウムもまた、とても美しい色をしていたのだという。

マリー・キュリーと、井田真木子。必死に生きた女の本は面白い。女の必死さは、いつも私をホロリとさせるのだ。

✿

市井にも、必死な女はたくさんいる。そしてそんな女をいつも救ってくれるのが伊藤比呂美であり、今度の本は、『女の一生』（岩波新書）。

新書というと「役に立つ本」というイメージがあるが、この本はまさに役に立つ一冊。必死な女達の様々な悩みに、伊藤比呂美は見事に回答を与えるのだ。

摂食障害も不倫も妊娠も中絶も出産も子育ても介護も、「女の一生」の様々なメニューを体験している伊藤比呂美の回答は、爽快かつ実践的。不倫のやめ方も水子供養をすべきか否かも離婚すべきかどうかも、ここには書いてありますよ。

（2014年10月23日）

痴女、痴人、白痴

喫茶店でお茶を飲んでいたら、同じ店内でＡＶ女優の面接をしていたので思わず凝視、という経験がある。

「３ＰはＯＫです」

などと淡々と話していたその女性は、ごく普通の、きれいなＯＬさん風だった。

アダルト向けサイトなど見ていても、ＡＶ女優の容貌の向上には目を見張るものがある。昔は「脱ぐ女」というと容貌に難アリという感じだったけれど、今は綺麗でなければ脱ぐこともできない模様。

『痴女の誕生』（安田理央、太田出版）は、美少女、熟女、素人、痴女、男の娘《こ》という、ＡＶ女優の五ジャンルの歴史と隆盛をたどることにより、サブタイトル通り「アダルトメディアは女性をどう描いてきたのか」を探る書。

アダルトメディアに対しては、子供時代から並々ならぬ関心を抱いてきたが、そこは女児の悲しさ、空き地に落ちているエロ漫画を棒っきれでめくるくらいのことしかできなかった私。今はネットという便利なものがあって助かっているが、読みやすい文章と豊富なＡＶ知識によって記されたこの本によって、自分の中のＡＶへの思いが、きちんと整理された。

アメリカなど海外のアダルト映像と日本のそれを比べると、アメリカの女優は「やってやる」感が溢れているのに対して、日本のものは「やられてる」感満載、というのは国民性によるものだと思っていた。日本男児は女性がやる気まんまんだと腰が引けてしまうから、「やられてる」感を出さなくてはならないのだ、と。

実際、かつての日本では痴女や熟女はキワモノ扱いだったのだという。しかし今の日本では、熟女、人妻、痴女など「性的に積極的」な女性を描くＡＶがグッと増えた。

本書には、「現在の痴女像につながるスタイルを創りだしたのは女性だった」とあるのだが、その女性とは、ある性感マッサージ店の女性オーナーと、そこで働いていた女性達なのだそう。言葉責めを含め「女が男を責める」というスタイルがこの店で磨かれて人気となり、ＡＶへと飛び火したのだ、と。

「痴女」という言葉がＡＶ業界で浸透していったのは、九〇年代半ば。そこには、時代も関係していると気がしてならない。「痴女は男性が我を忘れるほど感じさせることで、自分も興奮する」とあったが、この頃には女性もいい加減「やられる」だけでは満足できなくなってきたのではないか。セックスの主導権を持ちたい、という欲求を隠さずに済む時代になってきたのだ。

それは、男性側の欲求とも合致した。ＡＶにおけるあらゆる女性像は、男性の脳内における

「女、こうあってほしい」という欲求が視覚化した姿であるわけで、だからギャルが絶滅した今でも、色黒のギャル物があったりする。そして九〇年代以降、「美少女を思い通りにする」みたいなことに疲れた男性が増加。痴女のみならず熟女や人妻に、誘惑されたり責められたりする、いわば受動的なセックスの形態の人気が高まったのではないか。

痴女に欠かせないのは、淫語の才能。そして今や、「どんなトップクラスのAVアイドルでも、痴女プレイを避けることはできなくなっている」のだそう。才色兼備でなくては、痴女を演じることはできないのだ。

どんなAV女優が求められてきたかを知ることによって見えてくるのは、時代ごとの男女のあり方、ひいては時代そのもの。「痴女はちょっと」とか思っている自分は、古い人間なのだと理解できた。

❀

痴女の「痴」は、「痴れ者」の「痴」ではない。本当は知的でないと痴女にはなれないのは、前述の通り。

谷崎潤一郎の『痴人の愛』における「痴人」は、ナオミではなくナオミにぞっこんの河合譲治のことを指すわけだが、なぜ譲治が痴人かというと、ナオミが痴女だからなのだろう。譲治を金づるとして、若い男達とセックスをしまくっている、ナオミ。「口には出来ないヒドイ仇名」をつけられてしまうほどの乱脈ぶりで、金遣いも荒い。しかし譲治は、そんなナオミとどうしても別れられない……というわけでの「痴人」。

この物語が大正時代に書かれたことを思うと、譲治の痴人っぷりは際立つ。この時代、既婚女性が婚外セックスをすると姦通罪に問われることになった（既婚男性の婚外セックスは罪にならない）ことを思うと、大正の痴女は、現代の痴女よりずっとインパクト大。所有物であるはずの妻に裏切られ続けているうちに、次第に譲治がナオミの所有物と化していくところが、この物語の眼目であろう。

『痴人の愛』を歩く（樫原辰郎、白水社）は、浅草、大森、鎌倉、横浜……と、『痴人の愛』の舞台となった土地と、物語そして谷崎との関係を紐解く書。

映画関係の仕事に就く著者は、谷崎と映画との深い関係をも解き明かす。谷崎は、大活という映画会社の顧問にもなったほど、映画に深い関心を示していた。『痴人の愛』にしてもそうだが、谷崎作品は読むうちに映像が脳内で広がっていくような、視覚的なものが多い。そして著者は、映画の知識を駆使して、『痴人の愛』に映画がおよぼした影響を推理し、

「『痴人の愛』は、もともと映画の企画案だったのではないか」

と記す。

派手な服を着て、性的に奔放なナオミ。彼女はその時代の言葉で言うと「毒婦」であるわけだ

が、「毒婦ブームは、明治維新に伴う新たなメディア——新聞や活動写真——の誕生と発達によって起きた風評現象」という指摘が興味深い。解放されて強くなってきた女性に対する男性の恐れが強まる一方、メディアが存在したから、毒婦は有名になったのだ、と。

それは、AVという男メディアによってつくられていった痴女像と、共通するところがあるのかも。女を畏怖することにグッとくる男性は、いつの時代も存在するのだった。

❀

「貞節」という観念がまだ大切なものだった、大正時代。しかし一方、ナオミのように「したいことをする」という女は存在した。それを痴女と言うなら、伊藤野枝も立派な痴女。

『村に火をつけ、白痴になれ　伊藤野枝伝』（栗原康、岩波書店）は野枝の生涯を描いた本だが、彼女の故郷である福岡のある町では、かつて「あの淫乱女！」という言われ方をしていたのだそう。

しかし、著者はそんな野枝に惚れている。野枝は、故郷で結婚させられたもののすぐに離婚して、東京でダダイストの辻潤と結婚、その後はアナキストの大杉栄と交際。気鋭の著者のアナーキーな文体によって、野枝のセックスをしまくる（そして子供を産みまくる）日々が活写される。

性欲のみならず、自分の欲望にまっすぐ従う野枝の生き方は、魅力的。だからこそ辻潤も、大杉栄も、そして著者も、野枝に惚れたのだろう。

計七人の子供を産み、平塚らいてうから「青鞜」を引き継ぎ、潰し、そして関東大震災の直後、大杉と甥とともに甘粕大尉によって惨殺されたのが、二十八歳。その人生はあまりに濃厚である。野枝だけでなく、この時代には反抗心旺盛な傑物女が少なくなかった。

著者は、野枝を礼賛することによって、現代女性の生き方に疑問を呈しているように私は思う。野枝の時代から百年が経っているのに、今の女の方がよっぽど、地味で保守的で型にはまっているではないか、と。

が、それも無理のないことなのかもしれない。今の時代、女が何人とセックスしようと、何を語ろうと、せいぜいAVで痴女扱いされる程度で、「反抗」にも「習俗打破」にもなりはしないのだから。

命を賭けて、したいことをしていた百年前の女の息吹を伝える本書。痴女にもなれない者にとって、刺激的な一冊だった。

（2016年5月19日）

幸福の形について

奄美大島から船で十五分の、加計呂麻《かけろま》島に行ったことがある。この島は、『男はつらいよ』の最終作『寅次郎紅の花』において、永遠の恋人であるリリーさん（浅丘ルリ子）と寅さんが共に暮らした地。デイゴ並木、優しい人々、澄んだ海と空。……そこは本当に良い島だったのであり、寅さんが最後にこの地で暮らせてよかった、と思ったものだ。

加計呂麻島は、島尾敏雄とその妻ミホが出会った地でもある。第二次大戦中、震洋（特攻艇）の特攻隊長として加計呂麻島に駐屯していた島尾敏雄は、島の旧家の娘であるミホと出会い、恋におちた。日本が戦争に負けた後に二人は結婚するのだが、敏雄に愛人ができたことによって生じた泥沼の状況を記したのが『死の棘』。

『死の棘』の怖さは、夫婦間の愛の深さに起因する。それが並大抵の愛ではないからこそ、歪みが生じた時の崩壊ぶりはすさまじかったのだ。

二人の関係がいかに始まり、その愛がいかに真摯なものであったか。それが、ミホによるエッセイ集『**愛の棘　島尾ミホエッセイ集**』（幻戯書房）には記される。敏雄はミホにとって天のような存在であったが、それは美しい島において、あまりにまっすぐに他者を愛する力がミホの中ではぐくまれたからではなかったか。

教養のある両親から、深く愛されて育ったミホ。敏雄と出会ってからは、岩をのぼり、海を泳いで毎夜、逢瀬を重ねていた。互いの命も、国の命運もどうなるかわからない中、静かな島の中で二人の気持ちがどれほどたぎったことか。

やがて敗戦を迎え、敏雄は佐世保へ。ミホは敏雄を追って、一人で震洋艇に乗り込み、暴風雨が吹き荒れる夜の太平洋へ向けてエンジンをかける……。

本書には敏雄亡き後に記されたエッセイも収められるが、生涯にわたって彼女は、自分の愛に微塵も疑いを持たなかった。『死の棘』の時期のことすら愛によって包み、その棘を溶解させていくかのよう。

ミホの中では、原初的な魂と高い知性が結びついている。このような気高さが漂う文章を書くことができる人は、今はそういないのではないか。

❀

ミホは敏雄の死後、かつて夫とともに暮らした奄美大島に一人で移り住み、夫を追慕する日々を送るが、その悲嘆もまた、薄れることはない。『死の棘』の中でも二人は常に共にいたが、加計呂麻島で出会って以来ずっと、ミホの魂が敏雄と離れることはなかったのだろう。

一方で、一人でいることを常に希求する人もいる。『70歳の日記』（メイ・サートン著、幾島幸子訳、みすず書房）は、著者の七十歳の一年間の日記だが、彼女が求め続けているのは、一人の時間。

アメリカ・メイン州の海辺の家で、一人で暮らす著者。いかにも創作が進みそうな環境だが、しかし詩の朗読会、友人の訪問、そして返事を書かなくてはならない大量の手紙の存在（時は一九八〇年代前半。コンピューターの姿はまだなく、著者はタイプライターで原稿を書く）などで、創作のための時間は切り刻まれる。そんな状況に疲労を感じつつも時折もたらされる完璧なる一人の時間と創作意欲は、まるで祝福のよう。

著者の〝日記もの〟としては、他に五十八歳の時に書かれた『独り居の日記』、そして『74歳の日記』『終盤戦　79歳の日記』『82歳の日記』が存在する。『独り居の日記』での著者は、ひりひりした空気を漂わせていた。自分は駄目な人間で、容易には気持ちの均衡を保つことができないから一人でいるのだ、と。孤独を恐れつつも、他者との軋轢《あつれき》を避けるために一人でいざるを得ない部分があった。

しかし七十歳になった著者は、孤独をより愛している。他者との交流に疲れつつも、そこから力を得てもいる。〝独り居中毒患者〟であることは変わらないけれど、その精神は『独り居の日記』の頃よりもずっと穏やかであり、顔の皺も、もう激しい恋はしないであろうということも、静かに受け止めているのだ。

七十歳のある日、彼女は長年共に暮らした、かつての恋人・ジュディの死の報に接する。しかし著者にとって唯一の家族とも言えるその女性の死も、喪失ではなく一つの実りとして捉えている印象が。

「おひとりさま」という言葉が流行って久しいが、女性の場合は配偶者がいてもいなくても、最終的におひとりさまとして暮らす確率が高い。そして私は、独り居中毒患者のメイ・サートンの生活に、親近感を覚える者。そこにある平穏な魂は、一人であることにずっと身を晒し、磨いてきたからこそ得られた賜物なのではないかと思った。

❀

かつての恋人・ジュディが他界した後、メイ・サートンはある知人から、

「Happy grieving!」

と言われる。「grieve」とは悲しむ、嘆くといった意であり、訳者はこれを「追悼おめでとう！」と訳している。

この言葉を聞いてメイ・サートンは最初たじろぐものの、やがて納得する。晩年、ジュディは老いて、メイのこともよくわからない状態にあった。「ジュディがあの宙ぶらりんな状態で生きているかぎり、私自身も宙ぶらりんで、悲しむことはできない」けれど、ジュディが他界したこ

とによって「少しずつ幸せな思い出が甦ってきて、私が愛したジュディがふたたび生きはじめている」と。

死をハッピーと結びつけることはタブー視されやすいが、しかしそこにハッピーが無いともかぎらないのではないか、とはかねて思っていた。そして『**世界幸福度ランキング上位13ヵ国を旅してわかったこと**』（マイケ・ファン・デン・ボーム著、畔上司訳、集英社インターナショナル）という本の中に、そんな私が「だよね」と思う部分が。

著者は、オランダ系ドイツ人女性。「なぜドイツ人は、あまり幸せではないのか」という疑問を胸に、タイトル通りの旅をした。

世界幸福度ランキング上位には、ノルウェー、デンマーク、スウェーデンといった北欧の国々や、カナダ、オーストラリア、スイスといった「でしょうねぇ」と思われる国々が並ぶ。しかしメキシコやコロンビアといった、決して経済的には豊かでなく、犯罪も多い国もまた、上位なのだ。

中でもメキシコ人の死に対する感覚は、興味深い。「私たち西側諸国の人たちは死を、人生最悪の悲哀の一つと考えている」が、メキシコ人は「軽やかな皮肉で対処する」と、著者。死者をしのぶ日には、墓でテキーラを飲みながら親族で夜中まで笑いあうのだそうで、「死を笑うことができる人は、生を笑うことなど簡単」という記述に、うなずいた。

各国それぞれに、幸福の理由は存在する。そして著者は、それぞれの国で「ドイツ人はどうしたらもっと幸福になれると思うか」と、聞いてまわった。

　ちなみに日本の幸福度ランキングはドイツよりさらに低いのだが、著者が考えるドイツ人が幸福でない理由は、驚くほど日本人のそれと似ていた。完璧主義、成果主義、時間の不足、そして第二次世界大戦の影響。戦争時代に子供だった人たちはごく最近まで世界で尊敬されることはほとんどなく、「深いトラウマを抱えた人たちが次の若い人たちを産み、自分たちの世代が抱いた不信感を次の世代に引き継い」だのだ、と。

　ドイツ人らしく、真面目に幸福を求めて世界十三カ国を巡る彼女のその姿勢は、日本人の私の身にも沁みるよう。しかし、ドイツ人（や、日本人）が、「では」と、幸福度上位国を真面目に真似しても、無駄なのであろう。

　どの国でも、家族と自然は幸せに大きくかかわるポイントだった。が、それらが欠けていても、自分の力で、独自の形の幸福をつくることもできる。幸福の形はそれぞれであり、かつ幸福の最大の敵は「他者との比較」であるということを、再認識させられた。

（２０１６年９月15日）

「書く人」の業

『死の棘』ものの人気は高い。島尾敏雄が最初の章を記してから五十余年、そして最初に本が出てから四十年近く経った今も、『死の棘』は読み続けられ、そしてその関連書籍も出版され続けている。

嫉妬という感情のコントロール不能ぶりを実感したことがある人であれば誰しも、『死の棘』に惹き寄せられるのだろう。私もまたその一人で、島尾ミホが生まれた加計呂麻《かけろま》島に行った時は、「この島で……」とそぞろ歩いたものだった。

『死の棘』を初めて読んだ時の衝撃は忘れられないが、『**狂うひと「死の棘」の妻・島尾ミホ**』（梯久美子、新潮社）は、『死の棘』と同等もしくはそれ以上の読後感を与えてくれる書。『死の棘』という重い石をゆっくり丁寧に持ち上げて、その下の地面に隠れていたもの、蠢くものをさらけ出していくかのような一冊だった。

第二次世界大戦中、島尾敏雄は特攻隊長として加計呂麻島に駐屯。島の名家の娘であったミホと知り合う。その二人の関係は、奥野健男や吉本隆明によって、「海の向こうのヤマトから島を守りに来た」ニライカナイの神である島尾を、「島を代表して『仕える』（奥野）『むかえる』（吉本）のがミホ」という捉え方をされていた。ミホを巫女的な存在として捉える見方は、読者にも大きな影響を与えている。

「南島の巫女」「古代人」などとも評されるミホを、確かに我々は、そのように見たがっている。その尋常ではない感情の力の根っこを、ミホの出自に求めようとするのだ。

そのような見方に疑問を呈するところから、本書は始まる。一人の人間としてミホを冷静に見た時に浮かび上がってくるのは、特別ではあるものの誰の中にもある、女性の生臭さ。

ミホが晩年を過ごした奄美大島の家に残された膨大な資料を読み解き、また島尾夫妻の友人・知人達の消息を調べ、会って話を聞く著者。そこからは、数々の意外な素顔、意外な事実があぶり出される。『死の棘』における「あいつ」、すなわち島尾の不倫相手がどのような女性であったかも、ここには記される。

新しい事実、意外な事実が一つまた一つと解明される様は、ミステリー小説のようにスリリング。そしてミステリー小説と同様に、その新事実をここに記してしまったらネタバレとなってしまう。

『死の棘』を読んだ時、これほど壮絶な嫉妬に苦しみながら、なぜ島尾夫妻は離婚しないのかということが、私にとって最も大きな疑問として残った。が、その疑問に対しても本書は、解を与えてくれる。

それは、島尾が「書く人」であったから、そしてミホが「書かれる人」であったから。ねっとりとしたエネルギーは、二人を窒息させながらも、二人の間を循環していたのだろう。

ミホは後年、自分でも筆を執り「書く女」となる。その作品もまた高い評価を得るのだが、「書かれる女」と「書く女」との間でひき裂かれるミホ、という観点も興味深い。ミホのプライドの高さ。そして島尾の、書くことへの意欲の強さに圧倒された。

著者は本書を記す前、島尾夫婦の長男である伸三から、

「きれいごとにはしないでくださいね」

と言われたと、最後に記してあった。その言葉はまさに本書の中で守られている。『死の棘』は島尾夫妻にとってその生涯を縛り続ける作品となったが、本書によってその軛《くびき》が解けることになったのではないか。

❀

『狂うひと』において印象的だったのは、島尾敏雄は、「みずからの『業の浅さ』」に作家としてコンプレックスを抱いていた、ということ。昭和二十四年のあるアンケートに、「此の度の戦争も亦あの震災と同じように、するりと私の横をすり抜けて行ってしまった」とある、と。

島尾は、特攻に出ぬままに終戦を迎えた。特攻隊として生き残るということ自体が、小説家と

しては特権的な「業」なのではないかと今を生きる者としては思うが、時代は彼にそうは思わせなかったらしい。

なるほどねぇ……、などと思いつつ書店をうろついていたら目に入ってきたのが『〈業〉とは何か　行為と道徳の仏教思想史』（平岡聡、筑摩選書）。業が深いだの浅いだのと、よく使用する言葉ではあるが、確かに知らない「業とは何か」。

サンスクリット語の「カルマン」が中国語で「業」と訳されたのだそうで、本来意味するところは「行為」。

日本で「業」と言う時は、業火、業苦、業病……等、悪い意味で使用されることが多いが、悪い業もあれば善い業もあり、それが人に苦果や楽果をもたらす、というのが基本的な業思想。

さらには、自分の業の結果は自分のところにやってくる、というのが原則であって、それが「自業自得」ということ。そして「善業と悪業の結果は相殺できない、つまり差し引くことはできない」って、厳しい思想だわ……。

しかしそれは、人間が生きる上での知恵でもあった。理屈では説明できないような不合理な不幸に見舞われた時に、前世における悪業の結果として捉えることによって、人は不幸を乗り越えようとしてきたのだから。

大乗仏教が登場すると、自業自得の原則が緩和され、業の結果の分散化、のような考え方も見られるようになってくるらしい。業思想の流れを追うことによって、仏教の歴史も知ることができる本書。「業」のありようを眺めていると、仏教という宗教が、超越的な存在でなく、人間がつくったものであるということが、じわじわと感じられた。

そうしてみると島尾敏雄の「業コンプレックス」とは、過去生における悪業の浅さゆえに、震災も戦争も人生からするりとすり抜けてしまったことを嘆くものなのか。しかし過去生での業の結果がこの世で現れるばかりではないらしく、現世での業の報いが生きている間にやってくることも、もちろんある。現世での業がもたらす重い果実を刈り取るために、島尾敏雄は耐える人生を送ったのかもしれない。

❀

作家は、業の深い人がなる職業。……という印象は今、変化してきている。今時の作家達は、業など深くなくとも、素晴らしい作品を軽々と為しているように見えるし、業が浅いことにコンプレックスを抱く作家も少なかろう。今、作家は「いい人」がなる職業になりつつある。

そんな中、いかにも業が深そうな真紅の装丁が書店の平台で目立っていたのが『落花生』(獄本野ばら、サイゾー)。帯には「二度目の逮捕から1年5カ月——復帰第一弾!」とあった。

大麻で最初に逮捕された後、危険ドラッグの使用で二度目の逮捕となった著者。本書はその後に記されたエッセイなのだが、

「現在、僕は、反省しないでおこうと思い至りました」

との一文からは嗚呼、かぐわしい業のかほりが……。

そして、

「僕がしなければならないのは、薬物への渇きを断ち切る作業ではない。欲しいと思いながら、恥ずかしくない方法で生き延びていくことです」

という文章は、薬物経験者の正直な心情だろう。この心情は、薬物で逮捕された芸能人は決して口にすることが許されず、作家だからこそ表現することができるものではないか。

薬物中毒治療のために通う精神科病院で、

「僕の場合、小説を書くのはどれだけ平均に近付くかでなく、ここまで偏ったものもあるのが、これはこれで必要な場合もあるので赦して貰えないだろうか——どれだけルール違反の特例を認めさせるかの主張をする点です」

と医師に語る著者。業が浅めの時代だからこそ、業を記す作家に救われる人もいるのではないか。

（2016年11月24日）

ままならない身体

かつてこれほどまでに「生理」、すなわち女性の月経の本質を捉えた本があっただろうか。……という感動で、読み終わって思いがけずじーんとしてしまったのが、『生理ちゃん』(小山健、KADOKAWA)。

「生理ちゃん」という、グロ可愛いキャラクターが主人公の、この漫画。女性がどのような状況にあろうとお構いなしに、生理ちゃんは「ピンポーン」と、アポなしでチャイムを鳴らす。そして有無を言わさず「ドゴッ」と女性の下腹部に生理パンチをくらわせたかと思うと、特大の注射器で血液を抜き取って……。

生理パンチだけではない。クロロホルムを嗅がせて眠気を起こさせたり、往復ビンタで顔をむくませたり、食欲増進させたりと、生理ちゃんは女性に対してやりたい放題。確かに生理とはそういうことなので女性は大変であるわけだが、「大変なのを生理を理由にできないのが大変」ということも、生理ちゃんは代弁してくれる。

月に一回、必ず出会う。けれど自分の思うようにはコントロールはできない「生理ちゃん」をキャラクター化するというアイデアは秀逸。名前を見ると作者は男性のようだけれど、どうして男性がここまで生理のことをわかっているのだ、という疑問も湧いてきた。

が、作者が男性だからこそ、この漫画は成立したのかも。月に一回、股から血を流すという謎の現象を、男性は体感としては理解できないから、そのわけのわからなさを生理ちゃんというキャラに詰め込んだのではないか。

暴力的だけれどいつも女性のためを思い、時には男性のところに突如やってくる「性欲くん」とも対決してくれる、心優しい生理ちゃん。生理ちゃんと共にいると思えば、女性は憂鬱な生理の時期も心穏やかに過ごすことができるであろうし、男性は生理ちゃんを知ることによって、女性の心身への理解が深まるであろう。ちなみに私は思わず「生理ちゃん」ＬＩＮＥスタンプ、買っちゃいました。

❀

生理ちゃんのアポなし訪問もそうだが、自分の体は、自分のもののようであって、決して自分の思い通りにはならない。自分の体の扱いにくさに、私達は常にはがゆさを覚えずにいられない。

『どもる体』（伊藤亜紗、医学書院）は、吃音を持つ人達へのインタビューを重ねることによって、吃音とはどのような現象であるかを詳《つまび》らかにした書。

吃音の当事者のほとんど全てが、「独り言だとどもらない」のだそう。対して会話とは、相手がある「社会的行為」。その時に吃音は出てくるのであって、「吃音当事者は周囲の状況の影響をきわめて受けやすい体を持っている」。どんな時に言葉が出やすい／出にくいかもまた、人によってまちまちなのだ。

様々な工夫によって言葉をスムーズに出すことができ、周囲からは吃音とは気づかれない当事者もいるのだそう。たとえば、言いづらい言葉を回避して他の言葉に言い換えたり、リズムに乗って話したり、というように。

しかしそういった工夫を常に強いられることによって、身体が「乗っ取られた」という感覚に陥るケースもある。「言葉が流暢に出る」ことと、「思ったようにしゃべれる」ことは別物なのだ、と感じる人もいるのであり、言い換える行為を「本当の自分」として受け入れるか「乗っ取られている」と思うかは、人によって異なるのだ。

実際に話したことが、「話したいこと」と一致しない。このズレは誰しもが多かれ少なかれ感じる人間の宿命だが、「どもる体を持つとは、この人間の宿命に触れ続けることにほかなりません」という文章を読んで、我が身を振り返った。

私は「話す」という行為にしっくりした感触を持っていない、つまりは話すのが不得意な者。話すたびにズレを恥じたり後悔したりし、それよりは書く方がズレ幅が少ないから、文章で表現している。

本意から肉体がズレていく違和感をどうにかするための工夫は、誰もが必要としているものなのかも。吃音当事者とは、心と体の結ばれ方に対する感度が、人一倍鋭敏な人達なのだ。

✿

「もっと自分の体を大切にしなさい！」

「自分で何しようと勝手だろ！」

というのは、素行が悪い娘さんと親御さんの定番の会話。娘さんが性的に奔放である場合に、このような会話が交わされがちである。

親御さんの側は、「体はあなただけのものではなく、授かりもの。だから、セックスしまくってはいけない」という論理。対して娘さんの側は「自分の体を自分の好きにしてどこが悪い」と思っている。

セックスを、いつ、誰とするか。それは自分の意思に委ねられているが、特に女性の場合、「しすぎ」は非難される。金銭の授受が伴い、相手が不特定多数だったりすると、特に。

『**うかれ女島**』（花房観音、新潮社）は、とある島の存在を決して心の中から消すことができない人々が登場する物語。西日本にあるその島は、「売春島」と呼ばれていた。

娼婦から女衒《ぜげん》となった母を持ち、そんな母を憎んでいた、一人の青年。母の死後、彼は母が残したメモに名前が残されていた女達に、連絡を取る。それはかつて島で体を売った経験を持ち、今は別の顔で暮らす女達だった。

お金が欲しい。性欲が強い。寂しがり屋。男に復讐がしたい。……と、女が体を売る理由は様々である。しかし彼女達は決して特異な存在ではなく、自分の意思で自分の体を売っただけ。

子を持つ娼婦に対して、「自分の幸せのためだけに、子どもを産むなんて」エゴイストだ、と青年は思う。また女の体を買う男達は、同時に体を売る女達を憎んでもいる。自分の欲望を解き放つ女に対して、男は恐怖と憎悪を抱かずにいられないのだ。

平凡に生きる人にも他人には言えない過去があり、そんな過去と過去とが絡み合って、驚愕の事実を紡ぎ出すこの物語。かつて「東電ＯＬは私だ」と思った人が大勢いたが、「うかれ女」達の姿は、自分に重なっても見えるのだった。

❀

花房観音さんは団鬼六賞大賞を受賞している小説家だが、『うかれ女島』は、官能とかエロといったものよりさらに深いところにある、触れたら火傷をするような人間の危険な本質を表に晒す物語だったなぁ。

……などと思いつつ書店をぶらついていたら『日曜ポルノ作家のすすめ』（わかつきひかる、雷鳥社）という本が目についた。

作者は、ジュブナイルポルノ（若者向けのエロいラノベのことらしいです）の女王。「ポルノ小説は文芸でも文学でもなく商品（実用品）」と最初に書いているところが、清々しい。その上で、どうしたらグッとくる商品をつくることができるか、というハウツーが丁寧に記されている。

膨大な下調べや取材が必要なわけでなく、「ポルノ作家になるために必要な資質は、エッチな妄想力、これだけ」という文章に、「なるほど」と膝を打ち、何だか私も書きたくなってきた。デビューの方法や税金対策といったことも細かく記されているが、最も大切なのは、自分の中の「やむにやまれぬ衝動」とのこと。これを書きたい、外に出したいという気持ちが大切というのは、世にある全ての「商品」と共通するのかも。

ちなみに、「SMやレイプ、陵辱などのハード系」は景気の良い時に流行り、「お姉さんが教えてあげるなどのソフト系」は、景気の悪い時に流行るのだそう。景気にも左右される男性の性欲の、何と繊細なことか。性欲もまた、自分でコントロールできるものではないのですねぇ。

（2018年6月28日）

人生の夏は短い

『帰れぬ人びと』（鷺沢萠、講談社文芸文庫）の帯に、「著者生誕五〇年」とあるのを見て、不思議な気持ちになった。

「生誕◯年」という言い方は、生きている人には使用されない。生きている人は「◯歳」と言われるのであって、三十五歳で命を閉じた鷺沢萠も、生きていれば五十歳。五十歳の鷺沢萠は、どのような中年になっていたのか。そしてどのような作品を書いていたのか。……と、猛暑の東京で、西の空を見た。

十八歳で書いた「川べりの道」で文學界新人賞を受賞してデビューした著者は、その豊かな才能のみならず、若さや美貌も相まって、時代のスターとなる。『帰れぬ人びと』は、「川べりの道」を含む最初期の作品集であるが、デビューから三十年が経った今、改めて読み返すと、その頃のきらめきが迫ってきた。

「川べりの道」の主人公は、十五歳の少年・吾郎。毎月の生活費をもらうため、母ではない女性と父が暮らす家へと、少年は川べりの道を歩いてゆく。

親、つまり大人の世界には、少年がどうにもできない事情が渦巻いている。どこへもぶつけることができない気持ちを胸に抱きながら、しかし少年は川べりの道を歩み続けるのだった。「これから夏が始まる」と、思いながら。

鷺沢萠の〝人生の夏〟は、この小説によって開かれていった。彼女より二歳年上の私もまた、同じ頃に人生の夏の只中にいて、夏はずっと続くものだと信じていたっけ。

しかし彼女はその頃から、夏は短いことを知っていた。

「長い道の、ずっと先の方は、砂埃にまみれて見えなかった」

と、「川べりの道」は結ばれているが、夏は永遠に続くものではないことを大人になってから知った私は今、あの頃、遠くに見えていた砂埃の中を生きている。

❀

再文庫化された『**ウェルカム・ホーム！**』(鷺沢萠、新潮文庫)は、著者の最晩年の作品である。家族について書くことが多かった、著者。『帰れぬ人びと』からは、家族に対する諦念のようなものが感じられたが、それから十五年が経って書かれた『ウェルカム・ホーム！』から見えてくるのは、家族に対する希望だった。

父親と母親がいて、子供がいて。……という当たり前の家族像でなくとも、家族。血がつながっていなくても、家族。

……という物語は、『万引き家族』等、最近しばしば目にするが、鷺沢萠は『ウェルカム・ホーム！』において、既にそのことを書いていた。デビューの時、家族に対する諦念を静かに描いた早熟な作家は、三十代半ばにして、家族が持つ可能性を、ユーモラスに綴っていたのだ。

「川べりの道」から、『ウェルカム・ホーム！』へ。それは彼女が、家へ、そして家族へと帰っていく道すじだったのかもしれない。十八歳で作家となった彼女は、自分の根元がつながっている場所を、書くという行為を通して探し続け、そして旅立っていった。

❀

サリンジャーという名前を見ると、青春期の胸苦しさのようなものが蘇ってくる気がするのだが、しかし『ライ麦畑でつかまえて』を読んだのは、いつのことだったか。それはもう覚えていないくらい昔のことで、小説の内容もまた、記憶の彼方にある。

『**このサンドイッチ、マヨネーズ忘れてる　ハプワース16、1924年**』（J・D・サリンジャー著、金原瑞人訳、新潮社）という本が出た。「『ライ麦』のホールデン少年登場の連作」も収められているということなので、ものすごく久しぶりに『ライ麦』を読み返してみることに。

そうそう、ホールデンは、家族以外のなにもかもが嫌、という少年だった。こういう少年が近くにいたらやっかいだな、親は大変だな、などと思うのは私が既に年をとったからで、初めて読んだ頃は「わかる、この感じ」などと思っていたのかもしれない。

『このサンドイッチ（以下略）』には、単行本未収録の、九の短編が収められている。そのうち六編は、ホールデン少年関連の話。『ライ麦』のワンシーンを、拡大鏡で眺めたような話もあれば、『ライ麦』後日談も。ホールデン少年のその後を知ることによって、『ライ麦』の読み方が変わってくるかもしれない。

本の最後に収められる「ハプワース16、1924年」は、サリンジャーが最後に発表した物語なのだそう。『フラニーとズーイ』等に登場する、グラース家にまつわる話である。

弟とともにサマーキャンプに入れられたグラース家の七歳の長男・シーモアが親にあてた手紙、という体裁をとるこの物語は、不思議な、そしてちょっとイラつく読み心地。七歳が書いたとは到底思えない長大で知的な手紙文なのだが、この七歳児もまた、家族以外のすべてを嫌っているのだ。

「バナナフィッシュにうってつけの日」の最後で自殺するのが、この手紙を書いたシーモアである。アメリカの子供が夏休みに体験するサマーキャンプが、一部の子供にとって苦痛でしかないことは、映画『アダムス・ファミリー2』においても感じたことだが、子供にとってのサマーキャンプとは、大人にとっての世間のようなものなのかもしれないな、と思った。

暑く楽しい、夏。しかしそんな夏は案外早く終わるのであって、眩しい夏のすぐ隣には闇がある。

日本人の中にそのような感覚があるのは、夏は死者達が戻ってくる季節であるのと同時に、第二次世界大戦のことに思いを馳せる季節でもあるからではないか。

❀

広島の原爆について書いた印象が強い原民喜の生涯を追ったのが、『原民喜　死と愛と孤独の肖像』(梯久美子、岩波新書)。広島で生まれた原は、少年時代から創作活動に親しむ。東京で大学生活を送り、卒業後は、貧しい生活を送りながら創作を続け、やがて実家のすすめにより、見合い結婚をした。

妻との生活で心の安寧を得るも、原が三十八歳の時に、妻は病死してしまう。翌年、家業を手伝うべく広島に戻った時に、原爆投下。戦後、困窮生活の中で東京に戻り、原爆について記した作品をまとめた『夏の花』を刊行。その二年後に、四十五歳で自ら命を絶つ。

このような人生を歩んだ原は、世間がもたらすあらゆる刺激に対して、敏感すぎた。ホールデン少年ならばその全てを嫌い抜いたのであろうが、原は心の扉を閉ざすタイプ。声を出すこともろくにせず、心からしたたるものを、詩や小説にすくい取った。

著者は、そんな原の繊細な人生を壊さぬように、丁寧に評伝を記す。原が心を開いた数少ない友の一人が、原よりずっと年下の遠藤周作だったのだが、原と遠藤は、二十歳そこそこの少女と、ひょんなきっかけで知り合っている。

四十代の原、二十代の遠藤とその少女の、風変わりな友情は一年あまり続く。それは恋愛感情などではなく、「もっと彼のなかで昇華されててね、やさしいものとか、そういうものの象徴じゃなかったんではないでしょうか」と、遠藤。

本書の取材の中で、かつての少女に、著者は会っている。原の自死について著者が問うた時の、「……肯定します」

という八十九歳の女性の言葉を読んだ瞬間、私の中で思いがけず、感情が決壊した。

どうしようもなく繊細な人達がこの世にはいて、その人達の心の奥に私のような者は決して近づくことができないのだけれど、ただ一つできることが「肯定」なのではないか、と。

「どうしてそんなことを？　と問うのではなくて、そうですか、そのようになさったんですね、と、そのまま受け止めたいのです」

というその女性の言葉を、私は何度も読み返した。

（２０１８年８月９日）

「女流」の消滅

かつて「女流作家」という言葉があった。それは現在言われる「女性作家」とは似て非なる意味合いを持っており、『〈女流〉放談　昭和を生きた女性作家たち』（イルメラ・日地谷＝キルシュネライト編、岩波書店）のタイトルに「女流」が使用されているのは、あえてのこと。

ドイツ出身の日本文学研究者である著者は、一九八二年に三ヶ月間、日本に滞在している間、当時活躍していた女性作家達へのインタビューを敢行。その記録が、三十余年後の今となって世に出たのだが、当時は女性作家が「女流作家」と言われていたのだ。

本書に収録されるのは、佐多稲子、円地文子といった明治生まれの作家から、津島佑子、金井美恵子といった当時三十代の作家まで、十余人のインタビュー。著者は、それぞれの作家に、

「女性だから特別扱いされること、損をしていることはないか」

「『これは女性にしか書けない』と評論家に言われたら、褒め言葉として捉えるか否か」

といった共通の質問を投げかけつつ、対話を深めていく。多くの作家が「女流」という言葉に対して違和感を覚えつつも、当時は「女流文学賞」が存在し、書店においても、「女流文学」の

棚と「一般の文学」、すなわち男性作家の棚は、峻別されていた（今でもそういう書店はありますね）。「『女流』とは、より狭い、より小さな世界を意味するのであり、その世界は感情的・感覚的ではあるが、社会的・一般的なものではない」。対して男が書く「文学」はもっと重みのあるもの。……という意識が当時は存在したとあるが、『男流文学論』（上野千鶴子・小倉千加子・富岡多恵子）が一九九二年に刊行され、二〇〇〇年で女流文学賞が廃止され……と、「女流」を取り巻く環境は変化。今となっては、「女流」はレトロな響きを持つ言葉となった。

「女流」作家達は、その言葉に対する反感を、声高に叫んだわけではない。しかしインタビューから感じられるのは、それぞれの作家の書くことに対する真摯な姿勢が、狭い流れと思われていた「女流」の幅を押し広げていったということ。それが下の世代へと引き継がれていくことによって、「女流」の概念は薄れていったのだろう。

❀

『日本の同時代小説』（斎藤美奈子、岩波新書）には、

「『女流作家』という言葉を死語にしたのは、この時代の女性作家たちによるところ大でしょう」

という一文がある。「この時代」とは、アラウンド一九九〇年頃。八〇年代後半には、山田詠美、吉本ばななといったスターがデビューし、男女雇用機会均等法が施行された翌年である一九

八七年には、芥川賞と直木賞の選考委員に、初めて女性が就任した。女性作家を「女流」の枠に納めておくことが、不可能になってきたのだ。

一九六〇年代から二〇一〇年代までの約六十年間、それぞれの時代でどのような小説が書かれてきたかが記される本書。時代を色濃く映すのが文学作品であり、女性の生き方が多様化していったこととと、「女流」という言葉の消滅もまた、無関係ではあるまい。

とはいえ女性が書くものの〝傾向〟は、この本でも指摘される。例えば、一九六〇年代の「政治の季節」。その時代の終焉と知的エリート達の欺瞞を小説の中で指摘したのは、女性作家達だった。倉橋由美子『パルタイ』、田辺聖子『感傷旅行』といった作品は、「革命」や「党員」を嗤い、三浦綾子『氷点』、山崎豊子『白い巨塔』といった社会派の作品は、エリートが築いた虚構を見抜く。

「権力構造から自由な（または排除された）女性作家だったから書けた（または許された）のでなかったか」

と、著者は記すのだった。

『〈女流〉放談』の中で、第二次大戦についての「過去の克服」意識について聞かれた津島佑子は、「戦争の被害者としての目でしか、これまで過去が文学化されてこなかったのは、どういうわけか」という疑問が、戦後生まれの自分達の中では出てきている、と語っていた。

『日本の同時代小説』では、鼎談集『戦争文学を読む』における戦争文学の分類が引かれている。

すなわち敗戦から一九六〇年代後半までは「被害者意識に軸足を置いた語り方が主流」で、それ以降八〇年代後半までは「侵略戦争を起こした『加害者性』が発見された」と。

ということは、津島のインタビューが行われたのは、「加害者性」が発見されつつあった時代。ドイツ人からすると、その発見は「遅すぎる」と感じられた様子が、インタビューから読み取ることができるのであり、それは今なお、日本に残り続ける問題だろう。

加害者性の発見から、さらに十余年。『日本の同時代小説』には、二〇〇〇年代になると、男性作家がテロもの、戦争ものを多く書くようになったとある。新しい世紀に入って戦争の捉え方が変化し、また遠い時代にあったという戦争に、陶酔に似た思いを致す書き手が出てきたのか。

同じ時期、女性作家は貧困をテーマに選ぶケースが目立ったのだそう。それは、非正規雇用者が増加し、特に女性の場合でその割合が高くなっていった時代。社会の歪みが特に女性において現れやすいことは、二十一世紀になっても、そうは変わっていなかった。

❀

南北戦争の終結から約六十年後に、マーガレット・ミッチェルが書き始めたとされる『風と共に去りぬ』。その日本語訳を手がけた鴻巣友季子が、翻訳作業を手がける中から理解を新たにしていった「風共」の真実を解説したのが、『**謎とき『風と共に去りぬ』矛盾と葛藤にみちた世界**

文学』（新潮選書）。

中でも納得したのは、「風共」最大の謎は、

「ビッチ型ヒロインはなぜ嫌われないのか？」

という部分である。名作イメージが固定しているので「そういうものなのか」と読み進めがちだが、スカーレット・オハラは本当に性格が悪い。利己主義、傲慢、甘ったれ、略奪気質、センター気質の彼女は、不貞、殺人、盗み、恐喝……と、戦時下とはいえ様々な罪に手を染めている。

それなのに彼女はなぜ、文学史に残るヒロインであり続けるのかを解き明かす著者の手腕は見事である。そして「風共」の真のヒロインはスカーレットではなく、メラニーであるという指摘にも、目からウロコが。

マーガレット・ミッチェルにとって、スカーレット・オハラは「自分の分身であり、最もやっかいな敵」と指摘されるが、それは多くの女性にとっても、同じなのかもしれない。

❀

いくら性格が悪くても、スカーレット・オハラは美人だったからモテたわけでしょ？……と、映画の印象から私達は思うわけだが、どうやらそれは違う模様。原作では「スカーレット・オハラは美人ではない」とあるそうで、しかし「好きになってしまうと、彼女が不美人であることに

気がまわらなくなる」そうな。

なんとスカーレットはブスだった！　と驚いたところで思い出されたのが『**ブスのマーケティング戦略　夢見ることをあきらめたブス、劣化が始まった美人へ**』（田村麻美、文響社）。小学生時代に自分がブスだと気づいた著者。その後自分を「商品」と捉え、いかにしてその商品を売るかに尽力した結果、今は税理士にして一児の母。

その過程が赤裸々に記される本書は、面白い上に役に立つ。中でも力説されるのは「行動」の重要性だった。「ブスのいちばんダメな点は、行動しないこと」として、マーケティング理論を背景に、合コン、資格取得、起業……と目標に向かっていく様は、清々しい。

「行動するブス」って、もしかするとスカーレットと同じかも。洋の東西、そして時代を問わず、恐れずに行動するところに、道は拓けるのですねぇ。

（2019年2月28日）

エッセイを書く女性達

自分の経験や自分の考えをそのまま表現するジャンルであるが故に、誰にでも書くことができるのが、エッセイ。文筆とはゆかりの無い職業の人も「エッセイストとしても活躍中」という肩書きを持ちがちなのは、そのせいであろう。

とはいえやはり唸らされることが多いのが、文筆従事者が書いたエッセイである。中でも翻訳家のエッセイには、普段から言葉について考え抜いているからこその筋力の強さが、存分に発揮される。スケート選手が自転車を漕いだら自転車選手より速かった、といった凄みを感じるのだが、『死ぬまでに行きたい海』（岸本佐知子、スイッチ・パブリッシング）もそんな一冊。

〝鬼出無精〟だという著者が、様々な場所へと出かけた時のことを書いたエッセイが、本書。会社員時代の勤務地。子供時代の思い出の河原。父親の故郷。……それらは著者の人生を振り返る場所の数々である。他のエッセイにおいて、著者は自分の過去についてあまり積極的に書くタイプではなかったはず……と思うと、覗き見をしているかのようでドキドキした。

出かけていった場所での、楽しい、もしくは辛い体験を書く書は世に多いが、本書では特に劇的な出来事は発生しない。けれど、著者の心の中でのわずかなうねりを読むだけで、読む側の心が不穏に波立ったり、シュワッと泡立ったりしてくるのだ。

「海芝浦」という一篇は、横浜を走る鶴見線の支線の終点である、海芝浦駅に行った時の話。とある理由から、その駅に行ってみたいと思い続けて二十年。ついに著者は、その地に降り立つことにした。

工業地帯を走る鶴見線は、鉄道好きにはつとに有名なのだが、心温まるふれあいなどが発生しづらい無機質な線でもある。鉄道好きであったら、その駅名の由来などを解説せずにはいられないところ。

そんな鶴見線の独特な雰囲気を、そして海芝浦駅のこの世のようなあの世のような風景を、著者はどんな鉄道好きよりも的確に表現する。特に最後の三行は、現実を超越することによって現実をありありと想像させるのであって、これはもう翻訳家の筋力云々というよりは、本人の心の資質のなせる技なのだろう。

❀

翻訳家と並んでエッセイ上手が多い文筆業者といえば、詩人である。エッセイも詩だと思って書いているから詩人のエッセイは面白いのか！　と理解したのは伊藤比呂美さんのエッセイ、のような詩、を読んでいる時だったが、『いつかたこぶねになる日』（小津夜景、素粒社）を読んで、そんな世界に新星登場、と思った。

本書のサブタイトルは、「漢詩の手帖」。著者の名前を私は知らなかったのだが、かねて漢詩に憧れを持っていたので、このサブタイトルに惹かれて購入する。

入門書を読んでも、漢詩に近寄るのは難しい。漢字に惹かれて近寄っているのに、漢字に突き放されてしまうから。

それぞれのエッセイの中に一篇ずつの漢詩が紹介されている本書では、エッセイを読むうちに、漢詩の世界に誘《いざな》われていく。たとえば大学の同級生との出会いと別れの話から繋がっていくのは、白居易「夢微之」。

著者の闘病の話から始まるエッセイから導かれるのは、蘇軾の「病中遊祖塔院」。

漢詩のルールや歴史的背景を解説するというより、そこに詠まれた詩人の心境にすうっと誘うのが、本書におけるエッセイの役割。とっつきにくい漢詩を包む、らくらく服薬ゼリーのような役割を果たしているのだ。

それぞれの漢詩を著者が日本語訳にしているのだが、訳文は定型詩になっていたり、自由詩になっていたり。漢詩に触発されて作った、漢字三文字を俳句に読み下す「三文字俳句」というオリジナルの「型」での創作も登場する。

漢文と日本文を自在に濃縮&還元し、詩における「型」を作ったり壊したりしつつ、その隙間をエッセイで埋めていく本書。著者独特のその手法は、母国語を使用せずに海外で生活している中で、育まれてきたのかも。

外国で母国語から遠ざかって生活していると、どちらの言葉もしっくり来ないようになり、言葉から離れたところで考えたり感じたりするようになってくるのだそう。そんな日々の中で改めて母国語に接すると、母国と母国語とに密着して生きる者には見ることができない言葉の可能性に気づくのではないか。

本書には、いにしえの日本人が書いた漢詩も収められている。外国語の詩である漢詩を日本人が作ったのは、母国から離れたくとも離れられなかった時代の日本人が、せめて言葉だけでも日本から離れようとした結果なのかもしれない。

❀

会社員もまた、エッセイを書く。『服のはなし　着たり、縫ったり、考えたり』（行司千絵、岩波書店）の著者は新聞記者なので、会社員とはいえ文筆業にだいぶ寄っており、この本は、自分のことを自分で取材して書いた本と言うこともできる。

記者としての仕事に行き詰まりを感じていたある時、著者はふと、自分で服を作ることを思い立つ。子供の頃は祖母や母親の手作りの服を身につけ、成長するとその時々の流行や気分に合わせて様々な服を着てきた著者は、服が大好き。自分で自分の服を作るということは、彼女にとっては一つの脱皮行為だったのだ。次第にお母さんのためにも服を作るようになり、さらには友人・知人にも、その人のためだけの一着を作るようになっていく。

お母さんをはじめとし、著者が作った服を着た人の写真が本書には多数収録されているが、その人の性格や生活を知った上で作られた服は、どれも着る人をひき立てている。同時に、人もまた服をひき立てているのだ。

ファストファッションとは対極にある、それらの服。ボディコンからブランドファッション、そして無印良品まで様々な服を着ながらもがいた末に、著者は服を着ることと作ることが、自分を表現する行為であると発見したのだ。

瀬戸内寂聴や山極寿一など、様々な人に着ることにまつわる話を聞いたインタビューも面白い本書。一着の服を通して、著者は広い世の中を見ている。

❀

一冊の本を読むことによって、見知らぬ他人の人生と向き合うことができるエッセイの面白さを、あらためて実感する年の瀬。『**そんなふう**』（川内倫子、ナナロク社）は、四十代になって結婚し子供を産んだ写真家のエッセイである。出産、子育て、引っ越し……と、人生の中でも最も動きが大きかったであろう数年間を、文と写真とで編む。

はからずも今回読んだ四冊は皆、著者が撮った写真も載っているエッセイ集である。スマホによって、誰でもいつでも写真を撮ることができるようになったからこその現象だろうが、自分の周囲をそのまま写しとる写真という手段はエッセイと相性が良い、というか似ているようにも思うのだった。

不妊治療を経て出産をした著者は、その経験を通じて、それまでは知り得なかった新鮮な感覚を得ている。自身の誕生日、子供と二人でチェーンの寿司店で乾杯をして思い出すのは、四十年前の悲しかった誕生会のこと。しかし子供と誕生日を祝っていると、

「娘が光を連れてきて、それまで固まっていたものが水になり、強い光に照らされて蒸気になって空に還ったかのような、そんな感じなのだ」

という心境に。

ところどころに収められる写真の多くは子供が被写体であり、それらは柔らかなヴェールのような光に包まれている。薄暗い時代であるからこそ、可視化された光は、読み手の心の中のかたまりをも溶かすようなのだった。


（2021年1月14日）

狭い世界の深さと広さ

遠くへ行くな、家にいろ、人とは会うな。……というコロナの世において、「世界」は広がりにくい。が、限られた範囲の中で生きることによって人々は、その範囲の深さを見るという経験を積んでいるのではないか。

『スモールワールズ』（一穂ミチ、講談社）は、そんなことを感じさせる連作短編集。家族や友達、ご近所さんといった身近な人々との距離が、近いようでいて遠かったり、遠いようでいて近かったり。そしてその距離は、一定に保たれているようでいて、実は不安定だったり。小さな世界が実は波乱に富んでいることを、六篇の物語は示している。

たとえば「ネオンテトラ」は、妊娠を切望する夫婦の話。不倫をしているらしい夫のスマホをそっと覗き見る妻は、近所のコンビニでとある少年と出会う。彼とコンビニで会うことによって心の空隙を埋めるような感覚を得るのだが、実はその少年は……。

家と、コンビニ。ほとんど二箇所しかこの話には出てこないが、しかし主人公の女性の心は、激しく揺さぶられる。物語の舞台が広いか狭いかは、表現の幅の広さや狭さとは比例しないのだ。

限られた範囲の中で発生する嵐の中で、他人から見られることなく翻弄されている人々がどれほどいることかに、気付かされる。

本書で描かれる六つの嵐がもたらす結末は、ジーンとさせられたかと思えば背筋が凍るような恐怖を覚えたりと、読み応えの振れ幅が大きい。つい「次の話は？」と、手が進むのだ。

視線のズームを調節することによって、この世は狭くも広くもなるということを教えてくれる、本書。小さな世界を凝視することによって、その先に突き抜けるきっかけを摑むことができそうな気になってくる。

＊

『スモールワールズ』に収められる「魔王の帰還」は、規格外の体格を持った女性についてのお話だった。百八十八センチという体軀で性格もダイナミック、「魔王」との異名をとる女性が離婚するということで、実家に戻ったところから始まる物語である。

この話では、大柄の体格とダイナミックな性格が結びついている部分が魅力的なのだが、しかし今の世の中において、人の外見を話題にしたり、「こんな体格だからああいうタイプ」と決めつけたりするのは、ご法度となりつつある。外見や体格にまつわる話題は、政治的に正しいものではないのだ、と。

しかしその手の話は水面下に潜っただけであり、外見や体格のくびきから、我々が自由になったわけではない。渡辺直美のように、「私は私。このままの自分が好き」と堂々と生きることができる人もいる一方、渡辺直美を見て「私には無理」と落ち込む人もいるのだ。

『ファットガールをめぐる13の物語』（モナ・アワド著、加藤有佳織・日野原慶訳、書肆侃侃房）は、そんな世において実に刺激的な一冊。リジーことエリザベスという〝ファットガール〟の、高校生から大人になるまでの人生を、十三の短編で紡いだ、カナダ生まれの作家のデビュー作である。

処女だったリジーは、危なっかしく性愛の海へと船出していく。何人かと付き合ったり別れたりしながら、太っている友達やそうでもない友達、太っている母親やそうでもない父親との日々の中で、彼女の頭から決して離れないのは、自らがファットガールであるという事実なのだった。

リジーはその体格のままで愛されているのだけれど、リジー自身は、自分の体格を愛することができない。ではダイエットをして痩せた後の彼女は、どうなっていくのか……？

本当には太っていない人々は、時候の挨拶のように、太っただの痩せただのといった話題を口にするが、本当のファットガールの口からその手の話を聞くことは、ない。ファットガールの生活と心理をかくも詳細に解いた小説は、今までなかったのではないか。

読むにつれ、リジーにとっての体格問題のように、誰しも「頭から離れない問題」を抱えていることに気づかされる。そしてその問題は、必ずしも解決しなくてはならないものでもないのではないかという気も、してくるのだった。

大きな体軀に悩む女性の物語を読んだ後に、『小さな心の同好会』（ユン・イヒョン著、古川綾子訳、亜紀書房）というタイトルに惹かれた。その同好会、私も入れてもらえないだろうか、と。

十一の物語からなる短編集である本書。表題作は、子を持ちつつ働く女性が主人公であり、彼女が、同じ立場の女性を集めて作った本が、『小さな心』なのだった。

ここに出てくる「ママ虫」という言葉も、既婚女性達の多くが姑との付き合いに難儀をしているのも、チョ・ナムジュのベストセラー『82年生まれ、キム・ジヨン』で、私は知った。本書には、フェミニズム的な問題の他にも、LGBT的な問題が扱われる作品もあり、韓国の現状をあらわす短編が、前半は続く。

❀

しかし後半になると、ガラリと転調。現実社会ではなく、ファンタジーやSF的な物語が続くのであり、どうやら作者は二つの作風を持っている模様である。

手法は違っても、作者が表現したいことは、共通している。どれほど近くにいる者同士でもその心はすれ違い、すれ違うことによって、心には傷がつく。だとしたら人間をAI達が支配したり（「スア」）、ドラゴンと人間が共存したり（「疑うドラゴン　ハジュラフ1」）といった世界においても人間は、人間以外の存在とすれ違い、傷ついたり傷つけられたりするのであろう、と。

一穂ミチ『スモールワールズ』は、狭い世界にぐっと迫ることによって、その先にある広い世界を見つめようとした。対してユン・イヒョンは、小さい世界からあえて広い世界へ出て行くことによって、それでも傷つけ合う心を見つめるという実験をしているのかもしれない。

❀

今回は各国の短編小説を読み歩いてみたが、最後にアメリカのベテラン作家、イーディス・パールマンの『蜜のように甘く』（古屋美登里訳、亜紀書房）で、短編の魅力を存分に浴びたい。

最初の作品「初心」に登場するのは、戦争で夫を亡くし、足のケアサロンを営む女性と、近くに住む大学教授。実は、自分の家のバスルームから女性の生活をずっと覗き見ていた教授は、ある日意を決して、彼女のサロンへと赴く。彼女の手が彼の足に触れることによって、彼は……。

著者が一九三六年生まれというせいもあってか、中高年の男女の心身のゆらぎが多く描かれる本書。勢いのある若者の性愛でなく、静かに、水面下で蠢《うごめ》き触れ合う心身が、かえってエロティックでもある。

それぞれの短編は、ある場所の、ある時間を鮮やかに切り取って提示しているかのように見える。しかしそれは切り取ってできたものではなく、素材を選択し、丁寧に組み立てることによって作られたもの。

凡庸な出会いと凡庸な別れは、組み立て方によって特別な物語になる。むしろ素材の一つ一つが凡庸であるほど嘘の成分が減じ、物語の透明度が増すかのよう。著者が「世界最高の短篇作家」と言われるのは、素材の採集能力と、そして組み立て能力によって、読者を物語の中に引き込む力を持っているからなのだろう。

本書の短編はそれぞれ、ドアがパタンと閉められたような読後感をもたらさない。ドアを閉められることもまた快感の一種ではあるが、本書では、物語が終わった後も、登場人物達の人生が続いているかのような気分になるのであり、それは短い物語にもいちいち読者をひきずり込む著者の手腕、なのだろう。

（2021年6月17日）

エッセイストとコラムニスト

故・坪内祐三氏は、主に「自分のことに興味あるタイプ」がエッセイストで、「自分よりも回りの事に興味あるタイプ」がコラムニストなのだ、と書いた。

平松洋子氏の肩書はエッセイストだが、「自分」について詳細に書いた文章は、あまり記憶にない。文章の中に「自分」は頻出するものの、その先にあるのは食に関する事物や、人物。その作品の中で「自分」は、描くべき対象を照らす役割として存在するケースが多いのだ。

そんなわけで『**父のビスコ**』（小学館）の帯に、「初めての自伝的エッセイ集」とあるのを見て、どきりとする。著者が書いた「自分」を読むことができるなんて、と。

「父のどんぐり」「母の金平糖」……と、家族と食べ物とにまつわる思い出から、本書は始まる。生まれ育った家庭で、何をどのように食べてきたのかによってその人の土台は作られるが、ごはんはひとつぶ残さず食べるようにと教えられ、外食はしない家庭で、著者は育った。

ふるさとは、岡山の倉敷。子供の頃の思い出をくぐり抜け、やがて視線は現在へ。親は次第に老いていき、実家は変わっていかざるを得ない。また二〇一八年の西日本豪雨では、いつもは静かな倉敷川の姿が豹変し、岡山には大きな被害が発生した。親の老いと死、そしてふるさとの変貌を、決して感情的になりすぎずに描く筆致に、著者自身の根っこが示される。

父の言葉、母の言葉、そして土地の香り。そこから平松洋子という人が抽出されたことが感じられるこの一冊。変わり続ける世の中に翻弄され、自らの根っこがどこに結びついているかを見失いそうになる時、よすがとなる本だろう。

「倉敷の顔のひとつ」である老舗旅館「旅館くらしき」の初代女将、畠山繁子による私家版随筆の抜粋も収録される本書。倉敷という街、そしてその街が生んだ人々の心馳せは、その文章からもうかがい知ることができる。

❀

「コラムニスト」の肩書で、長年書き続けている、泉麻人氏。『**泉麻人自選　黄金の1980年代コラム**』（三賢社）はタイトル通り、一九八〇年代に書かれたコラムの選集である。八〇年代はコラムブームの時代でもあったが、著者はそのブームの立役者だった。

著者は八〇年代半ばから約十年間、「週刊文春」において「ナウのしくみ」を連載している。本書にも「ナウのしくみ」から多くのコラムが収められているが、その時々の「ナウ」を即座に切り取り提示したコラムは今、第一級の風俗資料となっている。

今となってはヤンキー研究が盛んに行われるようになっているが、著者は一九八一年の時点で、東京におけるヤンキーの前身である「ツッパリ」の重要性に着目。はたまたキャバクラの黎明期を、そしてカフェバーの衰退期を、その目と足とで、実際に確かめている。

本書のタイトルに「黄金の」の三文字がつくのは、八〇年代の日本がまさに、黄金色をしていたからだろう。戦後七十五年の中でも、もっともきらきらしい空気に包まれていたのが八〇年代であり、後にバブルと言われる状況に突入するのは、八〇年代半ばのこと。

そんな中でコラムニスト・泉麻人は、自分自身もまた世相・風俗の一部分と捉えている。本書によれば著者はこの時代、ディスコのプロデュースをしたり、

「今夜パーティするんだけど、泉クンも康夫ちゃん（注・田中）と一緒に来ない？」

と、ユーミンからホームパーティに誘われたりしている。著者は自らも一人の若者として「黄金の」時代の波の中に飛び込みつつ、自分ごと世相・風俗を観察しているのだ。

最近、自分より年下の世代から、八〇年代のことを聞かれることが多い私。

「シティポップ大好き！　竹内まりやの『Plastic Love』、最高ですぅ。あの時代を知ってるなんて、いいなぁ」

などと。

バブル世代への揶揄ではなく、どうも本気で「いいなぁ」と言っているようなのだが、そんな八〇年代ラバーに最適なこの一冊。他の時代には無いPlastic感が、堪能できます。

泉麻人は一九八七年に、エイズ検査を受けた体験について「週刊文春」に書いている。当時、エイズという謎の病の恐怖に世界は覆われていたのだ。

そして二〇二〇年代、世界は新型コロナウイルスの恐怖に覆われている。そんな「コロナ、どうなる」「東京オリンピック、どうなる」と混乱する東京をアメリカ人作家が描いたのが、『**東京ゴースト・シティ**』（バリー・ユアグロー著、柴田元幸訳、新潮社）。

奇妙な味わいの超短編小説が印象的な著者だが、本書は虚実が混じりあった一種の紀行のような作品。訳者あとがきによると、著者はコロナ発生前の東京に、実際に一ヶ月ほど滞在している。日々変化する東京の姿を、「作者特有の奇想を盛り込んで」『異形の東京』を生み出す」という構想だったのだそう。

しかしその後、新型コロナ流行という予想外の事態によって、構想は変化する。ニューヨークに戻った著者はロックダウンの中で、自身が東京に滞在し続ける物語を書くのだった。

本の中で、著者（らしき人物）はコロナをかいくぐりつつ、東京のあちこちに出かけていく。そこで出会うのは生きている人々と、既に死んでいる人々、つまりゴースト達。

有楽町のガード下の飲み屋で「スーダラ節」を歌っているのは、植木等と太宰治。豊洲市場で出くわすのは、永井荷風。柴又では、「オリンピック特別出現」ということで、渥美清が登場。いにしえの東京の記憶を背負った幽霊達は、生き生きと著者に絡んでくるのだった。

幽霊達の顔ぶれ、そして幽霊とのやりとりからは、著者の日本文化への偏愛が滲み出る。幽霊が跋扈《ばっこ》する東京は、ブレードランナー的東京とはまた違う異界感を醸し出すのだった。

幽霊達が生きていた時代の東京はもう、残っていない。東京において建物は消耗品であり、ただ人の中にのみ記憶が残るという事実が、読後にゆらゆらと立ちのぼった。

❀

『東京ゴースト・シティ』では、東京の地下鉄についての感慨が語られている。清潔で柔らかい座席。誰もが安心して居眠りできる、治安と静寂……。

しかし著者が居眠りをしてしまうと、目的地の表参道にはどうしても行けず日本橋に着いてしまう。東京の地下鉄は、外国人には謎すぎる魔界でもあった。

地面の下で複雑に疾走する東京の地下鉄網にも、しかし最初の一歩があったことを描くのは、『地中の星』(門井慶喜、新潮社)。早川徳次という男が、鉄道の混雑に悩む東京を見て、地下鉄の敷設を決意。資金集めに苦悩しつつも、上野〜浅草間に東洋初の地下鉄を走らせたのは、昭和二年のことだった。

すなわちそれが、浅草と渋谷を結ぶ現在の銀座線の大もと。最初の地下鉄は、私鉄だったのだ。地下鉄の線路はその後も延伸し、新橋駅が開業したのは、昭和九年のことだった。このまま少しずつ線路が延び、終点の渋谷駅まで到達したのであろう。……と思いきや、事実はそうではない。早川の地下鉄が、どうやって渋谷まで線路を延ばしたかについては、ぜひ本書を読んでいただきたいところ。

デパートと駅との直結、山手線の中への延伸など、地下を走るからこそ可能だった驚きの発想が次々と登場する、〃地下鉄はじめて物語〃。初めは一つだけだった地中の星は今、星座となって東京の地下を彩っているのだ。

（2021年11月18日）

ファースト・ドリップの瞬間

初秋、テレビで「高校生クイズ」を見ていたら、その熱い戦いについ、ひき込まれた。最終的に残るのは、偏差値の高い高校の生徒ばかりなのだが、頭脳明晰な若者達が相対して勝敗をつけるという姿が、スポーツのような興奮をもたらしたのだ。

しかしクイズは、知識豊富な人が必ず勝つわけではないと示すのが、『史上最大の木曜日 クイズっ子たちの青春記1980-1989』（戸部田誠、双葉社）。「高校生クイズ」のきょうだい番組である「アメリカ横断ウルトラクイズ」に魅了され、人生を賭けた若者達の記録である。

ウルトラクイズは、一九七七年に始まり、全十七回放送された人気クイズ番組。

「ニューヨークへ行きたいかーっ!?」

という司会者の言葉に「ウオーッ」と応えるスタジアムの参加者の姿は、私もよく覚えている。中でも第十三回は、ウルトラクイズ史上でも名作とされる回なのだそう。本書では、その回で優勝した長戸青年を中心に、ライバル達との熱い日々を詳細に追う。

初期のウルトラクイズを見てクイズに魅了された、長戸青年。以降、彼はクイズの勉強はもちろんのこと、この番組で勝つためには「キャラ立ち」が重要と気づき、高校時代は落研に所属するなど、ウルトラクイズと共に青春を歩む。彼の周囲に集まるクイズっ子達もまた、いずれ劣らぬ個性的なキャラクター揃いなのは、ウルトラクイズがただ知識の量を競うのではなく、「知力・体力・時の運」を試す番組だったからなのだろう。

何かのためではなく、ただ「楽しいから」クイズに打ち込む彼等の姿は、その動機が無駄で純粋だからこそ、輝く。「太平洋戦争で負けた日本がアメリカをジャックする」とのコンセプトの元で膨大な予算と手間をかけて作られた番組の姿勢と共に、クイズ番組全盛期の熱気がたっぷり詰まったノンフィクション。

❀

長戸青年が活躍した頃、東大クイズ研究会は、目立たない存在だったのだそう。しかし今、クイズ界を席巻するのは東大系の人々であり、現代のクイズ番組は、純粋に知力を競う場になったように見える。

しかしプレイヤー達は、ただ多くの知識を蓄積しているだけではない。競技クイズに勝つには、他人より少しでも早くボタンを押すための判断力や勇気、テクニックが必要なのだ。

『君のクイズ』（小川哲、朝日新聞出版）は、そんな時代のクイズ番組のスタジオから始まるミステリーである。あるクイズ番組の優勝決定戦において、問題が一文字も読まれていないのにボタンを押して正解を回答し、優勝賞金一千万円を手中に収めた本庄絆。対戦相手の三島玲央は番組終了後、なぜそのようなことが可能だったのかを懸命に探る。

『史上最大の木曜日』を読んでからこちらを読むと、クイズの世界の内側がよりよく見えてこよう。長戸青年は、クイズ番組で優勝するために自身のキャラクターを練り上げたが、『君のクイズ』の本庄絆も、芝居がかっているとも言えるキャラクターの持ち主。彼は優勝を賭けた最後の問題において、「問題が読まれる前に回答する」という大芝居をうったのだ。

その行為の謎を探ることは、本庄絆のキャラクター成立までを探ることでもあった。同時に三島は、自分自身の来し方をさかのぼり、「クイズとは」そして「クイズ番組とは」との問いを自身に向ける。

アスリートがしばしば、競技と人生を重ねるように、クイズプレイヤーもまた、クイズに人生を見る。一気に読み終えた後は、クイズの正解を告げる「ピンポン」という音が、今までとは違って聞こえてきた。

❀

デビュー五十周年を迎えた、ユーミンこと松任谷由実。八王子の大きな呉服店を営む家に生まれ、十代でデビューを果たしたことはよく知られている。

ではユーミンの才能は、どのように育まれたのか。十九歳で最初のアルバム『ひこうき雲』を出すまでの日々を、本人に丁寧に取材して綴ったのが、**『すべてのことはメッセージ　小説ユーミン』**（山内マリコ、マガジンハウス）である。

ユーミンの「荒井」時代の日々を書いた、この本。様々なインタビューなどでも語られていなかった、荒井家のファミリーヒストリーから、物語は始まる。

たとえばユーミンの母方の曾祖父は、江戸城で衣服の調達や管理に携わる御納戸役を務めていたのだそう。ファッションに対する鋭い感覚は、先祖譲りということか。そして昭和となり、大店の家つき娘である母親が入婿をとって、由実達きょうだいが生まれる。

少女の由実は、様々な文化を海綿のように吸収しながら育っていった。子供の頃からピアノと清元を習い、中学から入ったキリスト教の女子校では、初めて聴いたパイプオルガンの音色に衝撃を受け、涙を流す。そんな彼女は米軍基地、六本木、横浜と、新しい何かがある地にもすんなりと馴染んでいく……。

幼いうちから新旧様々な音楽や文化をたっぷりと吸収し続けた少女の中から、とうとう滴り落ちたのが、

「わたしにも曲は作れる！」

という思いだった。『ひこうき雲』は、さながら芳香漂うファースト・ドリップ。

この小説は、一人の少女がデビューするまでの成功譚だが、しかしシンデレラストーリーのような読み心地ではない。最初から荒井家の〝姫〟だった由実の十九年間には、シンデレラが継母からいじめられたような暗い要素は見えないのだ。

シンデレラと同様にこの物語も、王子様と結ばれるところでフィナーレとなる。しかし荒井由実の物語は松任谷由実となってからさらに華々しい光を放つことを、我々は知っている。シンデレラの物語とは違って、「成功」は少女にとってのピークでもなければ終わりでもないのだ。

王子様とお姫様が「幸せに暮らしました」では物語が終わらなくなってきた時代の先端を走り続ける女性の、最初の十九年間を描いた本書。姫として生まれてスターとなった彼女が光を求める物語は、この先もまだまだ続くに違いない。

❀

『わたしは「ひとり新聞社」岩手県大槌町で生き、考え、伝える』(菊池由貴子、亜紀書房)を読む。著者は、大病や離婚等を経験し、希望していた仕事に就くこともできず、故郷の大槌町で漠然と生きている時に、東日本大震災を経験した。

大槌町は、津波によって人口の約八パーセントが失われた地。正確な情報が得られずに住民達が困惑する中、彼女はあるものを見た時に、心をうたれる。

それは、津波と火災とで壊滅状態になった地に置かれた、飲み物の自動販売機。灰色一色の中に、カラフルな自動販売機があり、電気が通っていることが嬉しくて、その事実を皆に「知らせたい」と思うのだ。

それがきっかけの一つとなって、地元のことだけが書いてある「大槌新聞」を著者は創刊させる。

「大槌は絶対にいい町になります」

と、題字の下に書き続け、一人で週一回の新聞発行を続けた彼女。震災前は、生まれ育った町に特別な関心を持っていなかったのが、「知らせたい」との思いに動かされるうちに、町の議会に通い、批判し、問題提起をするようになっていく。

瓦礫の中に自動販売機を見た時が、著者にとっては「ファースト・ドリップ」の瞬間だったのだろう。少女だった荒井由実の、「わたしにも曲は作れる！」との思いのように、自動販売機のことを皆に「知らせたい」という思いが、彼女の人生を変えたのだ。

震災から十年以上が経つ中で変化したのは、建物など目に見えるものばかりではない。人々の心もまた変化を続けていることが正直に綴られた一冊である。

（2022年11月24日）

肉体と精神

ストリップの踊り子には、かねてそこはかとない親近感を覚えているのだが、それというのも自分の仕事が、文章上で衣服を脱いでいくようなところがあるからなのだろう。

……などと思っていたら、自分と同じ職業の人が、本当に踊り子になっていた。感銘を受けて、踊り子としてデビューを果たす前後の日々を綴った『きれいな言葉より素直な叫び』（新井見枝香、講談社）を読む。

書店員でありつつエッセイも書いている著者。さらに踊り子という三足目のわらじを履くに至った理由は、ストリップの世界が好きだから。客としてストリップを観ているうちに、思いが昂じて舞台に立つようになったのだ。日本のあちこちの劇場で踊る日々の記録からは、ストリップに関わる人々への愛情が滲み出る。

そこでは、ストリップとエッセイに共通する〝開陳芸〟のようなものにも言及される。すなわち人は、見せたくないのに見えてしまった、という状況に興奮するのであって、ストリップやエッセイのように、見せるつもりで見せているものには萎えてしまう。しかしそこで「見てはいけないものを見ている」という気にさせるのがプロの芸である、との記述には、深い説得力がある。お金を払ってステージを見にくる人たちを楽しませるため、著者は力を尽くすのだった。「踊り子でいる間、心は丸裸」なのであり、それは「私が何者であるか、私が何を思うかは大したことではない」と思うほど。ただ服を脱いで裸になるということよりも、心が丸裸になることの方に、著者は爽快な充実感を覚えているかのようだ。

心身ともに裸になった上で、著者の視線は全ての欺瞞を排除していく。最後に残ったのは、ステージ上の踊り子を見つめる客達の、素直な視線のみ。何ら虚飾を帯びないむきだしの心身と、「見たい」という純粋な視線とが絡み合うその瞬間に、エロやら欲やらを越えた透明な何かがほとばしるかのような感覚を覚えた。

❀

他人に見せられる肉体は、並大抵の努力で得られるものではない。『**ルポ　筋肉と脂肪　アスリートに訊け**』（平松洋子、新潮社）は、プロレスラーなど圧倒的な肉体を持つ男達に、食との関係を訊くところから始まるが、そこには、「この並外れた屈強な身体や盛り上がった筋肉を売りものにするプロレスラーは、なにを食べているのだろう」という著者の疑問が存在する。

著者とプロレス、という取り合わせに当初は「!?」との印象を受けた。が、食に軸足を置いて執筆してきた著者にとって、食べる行為の結果としての肉体に、それもアスリートの圧倒的な肉体に興味を持つのは当然のことなのかもしれない。

プロレスラーの棚橋弘至は、

「人前で脱げないとストレスが溜まる」

と語り、相撲の押尾川親方は、体重が減っているのを見るのが嫌だからと、現役時代は朝、寝起きの体重は測らなかったのだそう。種目によって求められる肉体像は異なるが、理想の肉体を目指して自分と対峙し続けるアスリート達は、求道者のよう。

アスリートが最も充実したパフォーマンスが披露できる肉体は、すなわち最も自分にとってストレスが溜まらない肉体。そんな肉体を得るために肝となるのが「食べる」ことであり、食に対する取り組みの激変ぶりを本書は伝える。「練習中は水を飲むな」的な根性論が通用した時代から、いつ何をどのように食べれば最も効率的に身体が動くかが徹底的に研究される時代になったのだ。

アスリート以外にも、栄養士、体脂肪計の開発者、トレーナーといった様々な人に丹念に取材を重ねた本書が浮かび上がらせるのは、食べることの重要性。何を食べるかでどう動くかが決定づけられるという事実は、アスリートだけでなく、我々の肉体にも響いてくるのだった。

❀

『ルポ　筋肉と脂肪』の最後には、筋肉小説（と言っていいのか）『我が友、スミス』（石田夏穂）の一節が引用されていた。そこに書かれているのは、腕立て伏せをする時に覚える一種の多幸感と、それがもたらす自由について。

肉体と、それをコントロールしようとする精神の関係性を『我が友、スミス』で描いた著者は、では次にどのような小説を書くのだろうか。……と思っていたら、『ケチる貴方』（講談社）で描かれていたのは「冷え性」、そして「脂肪吸引」についてだった。

冷え性の私は、表題作「ケチる貴方」の主人公に、我が身を重ねた。しかし、「冷え」について書かれた小説が、今まであっただろうか。冷えという暴力を常に受けているかのような感覚を、小説の主人公と共有できるのが嬉しい。

そんな主人公はとある行動をきっかけに、冷えが劇的に改善したことに気づく。それは生姜茶だの腹巻だのといった冷え対策ではなく、ちょっとした言動の変化だったのであり、彼女は自身の性格と冷えとが連動していることに気づくのだった。

以降、冷えないような言動を心がける彼女。性格と体質は結びつくのか。体質のために性格を変えることはできるのか……？

同時収録の「その周囲、五十八センチ」の主人公は、脂肪吸引にはまる女性である。消費したカロリーが摂取したカロリーより多ければ脂肪は減る、という自然の摂理を無視して、脂肪細胞を機械で吸い取って無きものにするという脂肪吸引は、いわば飛び道具。脚の太さに悩んでいた彼女は、脂肪吸引をして肉体が変化するたびに、充実感と爽快感を覚えるのだ。

あれ、これはもしや『我が友、スミス』において主人公が腕立て伏せをする時の多幸感と似ているのかも。女性達は常に、〝今の自分の肉体ではない、正しい肉体〟がどこかにあると思い込まされ、そちらへと追い立てられているのではないか？という気持ちが募る。

しかし石田作品の主人公達は常に、自身の意志で最後の決定をするのだった。肉体を思い通りに支配する誘惑に身を任せつつ、それでも誘惑に組み伏せられることのない女性達の姿が、清々しい。

❀

『千葉からほとんど出ない引きこもりの俺が、一度も海外に行ったことがないままルーマニア語の小説家になった話』（済東鉄腸、左右社）を書店で見て、引き寄せられた。

本の内容は、タイトルの通り。著者は就職活動に失敗すると、大学卒業後に実家でほぼ引きこもりとなる。鬱状態でいる時、唯一救いとなったのは、映画だった。

映画を見まくり、ネットに映画評を書く日々の中で出会ったのが、一本のルーマニア映画。その映画に衝撃を受けた著者は、「ルーマニア映画をもっと知りたい」と強く思うのだった。

著者はそこから、ルーマニア語を猛勉強。のみならずフェイスブックを駆使してルーマニアの人々と繋がり、自力で様々な縁を深めていく。そしてとうとう日本に居ながらにして、ルーマニアの文芸誌にルーマニア語の作品を発表するまでになるのだった。

引きこもりとは、コミュニケーションが苦手な人がなるものとのイメージがある。が、ネットを介して内外の人々と旺盛につながっていく著者の手腕を見ると、人と会わないからこそ発揮できるタイプのコミュ力もあるのでは、と思えてくる。他者の視線を意識せずにいるせいか、著者の好奇心の発露の方法は、ありきたりな型から逸脱しているのだ。

著者は実家の部屋にこもってはいるけれど、自分の殻にこもっているわけではなく、精神的には良い意味で多動。「好き」とか「知りたい」という強い気持ちを持つ人の突破力は、ただ外にだけ出ている人を、はるかに凌駕するのだった。

（2023年3月9日）

II　暮らしを巡る本

男も家事力、女も経済力

そういう年頃になってきたということか、病を得て治療に取り組む友人知人が出てきたのだが、夫婦のどちらかが倒れた時、家庭は危機に直面する。特に妻が専業主婦という家庭では、夫が倒れれば経済的な部分で暗雲がたれこめてくるし、妻が倒れると生活面で崩壊の危機に……。

そんな様子を見ると、「このシステムは、やはりおかしいのではなかろうか」と思う私。「このシステム」とはすなわち、夫だけが収入を得る役割を担い、妻だけが家事をする、というシステム。地域のつながりがよほど密接な集落にでも住んでいれば、誰が倒れても残された家族を集落全体で支えるのだろうが、都会暮らしでそれは無理。「夫は外で稼いで妻は家を守る」というのは、昭和を通り越して狩猟時代まで遡らないと成立しないシステムなのではないか、という気がする。

そんな時、「伊丹十三の翻訳エッセイ、新装復刊！」という帯文を目にして、『主夫と生活』(マイク・マグレディ、アノニマ・スタジオ)を手に取った。

日本でも「主夫」という立場の人はちらほらいる、ということを耳にするわけだが、本書の著者が、新聞のコラムニストという華やかな仕事を辞めて主夫になったのは、一九七三年、四十歳の時のこと。今から四十年以上前だった。

夫婦の間には、三人の子供。妻が倒れたわけではなく、妻が始めた事業が軌道に乗ってきたため、夫婦の役割を逆転してみることにしたのだ。

新聞社を辞めて主夫となった著者と、夫子を養う妻。主夫の仕事は案外ハードで、想像していたようにのんびりなどできない。様々なトラブル、そして主夫ならではのやりがいを引き受ける日々が一年続き、彼は「俺は初めて、本当の意味で家族の一員になれたような気がする」という感想を抱くに至る。その充実感たるやよし。

しかし私は「この先、どうなるのだろう」と不安になってきた。彼はこのまま主夫の座に納まるのか、それとも「主夫業にはもう満足したから、また役割交代」となるのか。

読み進めると、一年間の主夫生活を経た後、この家庭は新たな段階に進んだ。すなわち「二人の稼ぎ手と二人の主婦を持つことになった」と。それは「夫と妻が権利と義務を平等に分かちあった、階級差のない家庭」。

家計費、食事、掃除……といった項目からなる契約書が最後に記されているのがいかにもアメリカ的なのだが、四十年後の日本で生きる私は、「これが自然な姿というものだろう」と納得した。片手間でなく、どっぷり「主夫」になったからこそ、著者は「互いに分担すべき」と思うに至ったのではないか。どちらか片方に偏った負担をかけ、片方が抜けたら家庭はガタガタ……というのでは、子を持つ家庭としてあまりにリスキーなのだから。

経済的に恵まれた階級だからこその話ではあるが、この壮大な実験は、今もなお我々にとって参考になるものだと思う。

❀

二〇一四年末、「後妻業」と言われた筧千佐子容疑者の事件を見て、木嶋佳苗被告のことを思い出した。両者の被害にあった人というのは、すなわち家事弱者だったのではないか、と。妻を亡くした高齢者やおたく男性など、手作りの食事に飢えていそうな男性が彼女達と出会った時、不幸な出来事が起きてしまった。

「彼等に家事能力さえあれば、そうやすやすとは……」と、両事件を見て私は思ったもの。夫に先立たれた女性が、しばらくするととても元気になって長生きすらするのは、彼女達は家事ができるからである。食べたいものは自分で作れるし、近所付き合いもある。妻に先立たれた夫とは、生活の充実度が大きく異なるのだ。そんな差が出るのも、夫は外で働き妻は家事、という夫婦モデルが昭和期は主流だったからだろう。

しかし、家事さえできれば老後は安泰というわけではない。『老い方上手』（上野千鶴子・樋口恵子他、WAVE出版）には、五人の女性著者による「いかに老い、いかに死ぬか」の知恵が記されているが、樋口恵子さんは「日本名物ビンボーばあさん」の存在を指摘する。主婦が百三万円以上収入を得ると夫の扶養控除から外れるなど、専業主婦の優遇制度を推し進めてきた日本。その結果、本格的な仕事に就かず、「働いても働いても老後の保障が少ない」というビンボーばあさんが大量に（なにせ女性の寿命は男性よりぐっと長い）出現。配偶者を亡くし単身になるケースも多い高齢者はなおさら、ある程度の収入と家事能力を両方、兼ね備えていなくてはならないと思わされた。

ビンボーばあさん問題のみならず、在宅ひとり死、延命医療、認知症、墓と葬送等、これから先の問題の多さに気づかされる本だが、しかし既に先人がこれだけの道をつけてくれていることに、心強さをも覚えるのだった。

❀

とはいえ男＝家事弱者というのも、次第に過去の感覚となっていくのであろう。家庭科が男女必修になってから、約二十年。家庭科を学んだ世代が、すでに親になりつつある。

『女子力男子　女子力を身につけた男子が新しい市場を創り出す』（原田曜平、宝島社）という本を見た時も、「なるほどねぇ」と納得。

著者は、「マイルドヤンキー」等の言葉を世に出した、若者文化研究者。今時の男子は女子より元気がないというイメージがあるが、ゆとり世代の女子は意外に保守的であり、むしろ男子の方が変化に富むことを指摘する。おじさん達は「今時の男子はなよなよしている」などと評すれど、女子的な能力やセンスを、今時の異性愛者の男子達は積極的に身につけているのだ、と。

そんな「女子力男子」の親というのは、私達世代。確かに友達の息子など見ていると、柔軟剤などの香りにやたらとこだわったり、丁寧に脱毛したり、料理も上手だったりと、まるで娘かのよう。

まだ息子が小さい頃、友人が「この子がゲイになってくれれば、老後も一緒に住んでガールズトークができるのに」と言っていたが、ゲイにならずとも今や、息子と美白の話ができるのだ。実際、女子力男子は母親と仲が良いのだそう。親世代は共働きが多いので、料理も子供の頃から母が息子に教えたりと、「男の家事」への抵抗も無い。マザコン的親密さでなく、お洒落で美しい母親と、息子達は友達のような感覚で仲良しなのだという。

驚かされたのは、「モテるため」という目的意識を持って女子力を身につけるケースも多い、ということ。確かに私達は今、料理が上手な男性を見るとまず、「モテそう！」と思うもの。その結果、「『男らしさ』を追求すべしというプレッシャーは減り」「女子力プレッシャーが高まっている」という指摘が面白い。

女子力男子は、マイルドヤンキーとは反対のプロフィールを持っている。地方より都市、低学歴より高学歴の層に女子力男子が多く、マイルドヤンキーはその逆だ、と。確かに都会のお洒落ママのもとで、無農薬野菜などで育った息子達というのは、見事に女子力男子になっているなぁ。女子力男子の増加は、悪いことではないのだと思う。彼らは「モテたい」という気持ちは持っている異性愛者。女が近くにいないと生活に窮するわけではないので、手作り料理に目が眩んで騙される心配もない。女子生活の楽しさに、やっと男子も気づいたということなのだろう。

お洒落もモテも好きな男子が都会に増加……というと、何やら平安時代の再来という気もするのだが、現代が平安と違うのは、女子もまたのびのびしているところ。「生活力」という言葉は、今「経済力」と「家事能力」の二つの意味を持つが、男も女も二つの生活力が必須の時代になってきた。

（２０１５年１月22日）

食と衣と

雑誌に載っている料理レシピを眺めるのが好きなのだが、時に感じるのが〝ネタ切れ感〟。素材の取り合わせなどに明らかに無理があって、「そこまで創意工夫しなくても……。もっと普通でいいのに」と思うのだ。

その手の〝ネタ切れレシピ〟から見えてくるのは、料理研究家業界の過当競争である。女性が憧れる職業、であるが故に供給は過多気味の料理研究家の中で生き抜くために、ついひとひねりしたレシピを提供したくなるのではないか。

料理自慢の主婦が「あわよくば私も」と夢見る、料理研究家という職業。**『小林カツ代と栗原はるみ　料理研究家とその時代』**（阿古真理、新潮新書）を読むと、「憧れ」のルーツが見えてくる。料理研究家が脚光を浴びるようになったのは、戦後の混乱がおさまり、日本が経済的に復活してきた頃のことだった。日本人の生活に余裕が生じ、一九五〇年代半ばからはテレビの料理番組が人気となってくる。

この時代の人気料理研究家は、夫のフランス赴任に同行して、ル・コルドン・ブルーでフランス料理を学んだ江上トミ、外交官の妻で海外生活をした飯田深雪など、いわば特別な経験を持つセレブ主婦だった。外国の料理を日本人に伝えるセレブ主婦の流れは、今も脈々と続く。

そんな中で小林カツ代の登場は、女性の生き方の変化を示していたと著者は説く。その人気が沸騰した八〇年代は、働く既婚女性がグッと増えた時代。カツ代は、働く主婦が切望していた、時短料理のレシピを提供したのだ。

九〇年代に人気になったのは、〝カリスマ主婦〟栗原はるみ。料理のみならず、ライフスタイル全体が主婦の憧れの対象となったのだが、普通の主婦でも少し頑張れば手が届きそうなちょいダサ感があるからこそマスの人気を得た、という指摘に膝を打つ。

どのような料理研究家が人気者となったかを見ることは、その時代に女性達がどう生きていたかを示している。戦後、主婦像のあり方が変わるにつれ、求められる料理研究家も次第に変化したのだ。各研究家のビーフシチューのレシピを比較することによって、時代の変化も明白に。

昨今、若い男性料理研究家が増えて来たのもまた、時代の要請である。戦争中、「料理でご奉公したい」と海軍経理学校に入ったという土井勝とは全く異なる理由で料理を極める彼等は、男女が歩み寄ってきた時代の象徴かもしれない。

❀

戦後、日本が豊かになってきたからこそ必要とされた、料理研究家。同じようにして「衣」の面で求められたのが、スタイリストという職業なのかもしれない。こちらは料理研究家よりもしばらく遅れて、六〇年代半ば以降に日本に登場する。衣食が足り、礼節を知ったのかどうかはわからねど、とにかく衣服の面でもさらなる工夫をしたくなったからこその「スタイリスト」なのだろう。

その草分けの一人が、自身の若き日々について記したのが、『時をかけるヤッコさん』（高橋靖子、文藝春秋）。デヴィッド・ボウイなど、様々なロックスター達の衣装を担当した華やかな思い出が記される。著者の積極性と、時代と、様々な偶然とが絡み合って成り立った、これは開拓者の日記でもある。

「バリバリの45年間のフリーランスの私は、毎日の作業の中で『いいね』『いいでしょ』を探している」

という著者の生き方もまたロック。しかしスタイリストは一人では成立しない仕事なのでもあり、

「私はひとり、いつもだれかを待っている」

という文章に、先駆者としての自信と覚悟が滲み出るのだった。

印象的だったのは、亡くなったジョー山中への「最後のスタイリング」。ステージ衣装のようなマントを一晩でオーダー、そしてアクセサリーを手作りした著者。どんな場面においても、対

象を最も輝かせるために全力を尽くす人の姿がそこにある。

❀

着る人を選ばないシンプルな服が、いつでも安く手に入る、今。とても便利ではあるが、個性を服で際立たせたいと思うヤッコさんのような人はきっと、つまらない気持ちも持っているのではないかな。

……などと思っている時に、面白い本を発見。『おうちのふく　世界で1着の服』（行司千絵、フォイル）。本職は新聞記者で、趣味が洋服作りという著者。次第に知り合いのために洋服を作るようになったのだそう。それも、相手からのリクエストは「コート」「ワンピース」などごくざっくりした感じでしか聞かず、「私が『これ似合う』と思う服を勝手気ままに作る」。まさに世界で一着の服である。

この本には、著者が今まで作った服を着た人たちの写真と、その服にまつわるエッセイが収められている。作家、僧侶、大学教授、子供……等、色々な立場の人がまとうのは、着やすそうで、そしてさりげなく個性的な服。着る側に対する著者の思いが、デザインに素材に詰まっているのであり、着る側としては、受け取るまで「どんな服が出来上がるのか」と、わくわくしたのではないか。

中には、完成まで三年かかったオーバーも。エッセイを読むと、著者はとても引っ込み思案な方のように思われるのだが、

「人を知るってことも、こうやって時間がかかるものなんやろな」

という言葉に、彼女がとても丁寧に他者とコミュニケーションをとる方だということを感じる。たくさんの服が出てくる中で、出色なのは著者のお母さんの服。最も身近にいるお母さんだからこそ、個性も好みもよくわかるわけで、服とお母さんとが、互いに引き立て合っているのだ。料理も相手のことを思って作るからこそ美味しくなると言うが、服もまたそうなのかも。外国で大量生産された服とは明らかに異なる「滋味」のようなものが、世界で一着の服たちからは匂い立つ。

❀

人は、自分が着たい服を着る。……が、「自分は何を着たいのか」を知るのは、意外と難しい。そして「着たい服」が「似合う服」であるとも、限らない。明日着るべき服をお母さんが枕元に置いておいてくれた子供の頃を懐かしく思う人も、いるのではないか。

『**向田邦子　おしゃれの流儀**』（向田和子・かごしま近代文学館編、新潮社とんぼの本）を読んだら、「おしゃれとは、自分を知ること」と思えてきた。自分の好みだけでなく、体型や年齢、ライフ

スタイルまでも冷静に見た時に、初めて「着たい服」は浮上するのだ、と。

「玩具でもセーターでも、数は少なくてもいいから、いいものを」と大人にねだるような子供だったという、向田邦子。若い頃は「黒ちゃん」と言われたほど黒い服が好きだったのは、汎用性が高いからだったという。しかし同時に、若さが持つ華やかさは、黒を着るからこそ引き立つことをも、向田はよく知っていたにちがいない。

ベーシックな服を好んでいたが、大人になってからは、華やかな色や模様のものも身につけるように。それもまた、自らの年齢を鑑みた上で、そろそろ足し算をしてもいいだろう、と思ったからではないか。

自作の服や、オーダーで作った服も多い、向田邦子のワードローブ。服はかつて「買う」のでなく「作る」ものだったのであり、それこそ自分を知っていなくてはできない作業である。

自分を見つめることが必須という意味で、「着る」ことと「書く」ことは通底しているのかも。生活全般にわたって、今もなお女性達の憧れを集める「スタイル」を持っていた向田邦子が名文家であったのは当然のことなのかもしれず、半ば神格化した向田邦子の「いい女」評に、本書でまた新たな軸が加わった。

（2015年7月30日）

家族について考える

年末年始、それは家族について思う時期。親も子も無い私も、きょうだいと集って、親の思い出話などしたのだった。

フェイスブック等ＳＮＳにも、この時期にはご馳走の写真が盛んにアップされる。自分でおせちなどを作るとなおさら、「この労苦を誰かに承認してもらいたい」ということで、アップ率が高くなるのだ。

『平成の家族と食』（品田知美編、野田潤・畠山洋輔著、晶文社）を読むと、日本人は「行事食」を、今も大切にしていることがわかる。中でも、おせち、お雑煮、年越し蕎麦といった年末年始関連の食べ物は、丑の日のうなぎ、お彼岸のおはぎなどと比べても食されている率が高い。数ある行事の中でも、特定の食べ物との関連性が特に強いのがお正月なのであり、お正月の持つ強力な「家族招集力」が感じられる。

お正月のみならず、家族としてのまとまりは食によって涵養《かんよう》されるという意識が我々にはある。「手作りの食事を皆で囲んでこそ家族」、というような。

しかし子供が一人で食事をする、といった「孤食」や「個食」が指摘され始めたのは、八〇年代。コンビニ食が家庭に入る等、食卓の崩壊についても語られる。が、「それは本当なのか」とデータで検証するのが本書である。

提示されるのは、意外な事実の数々だった。「料理男子」の存在が喧伝されているが、実際に家庭で台所に立つ男性は少なく、若い世代の男子に料理をする傾向が増加しているわけでもない。「愛妻弁当」と言われるものが作られる理由は、実際のところ「愛」ではなく経済的事情。妻が専業主婦やパートの家庭よりも、妻がフルタイムで働く家庭の方が、家族皆で食卓を囲む機会が多い……。

生きる上で欠かせない「食」は、だからこそ家庭でも重要視される。が、食べることに関する労働が、家庭内でいまだ女性だけの肩にかかるのに、「食育」プレッシャーもいや増すのが現状。「労働環境を改善しないまま食育のような政策をすすめても、家族と食卓の不平等化がすすむだけで、家族を作りたいと考える人々の助けにはならない」という文にうなずきつつ、おせちで余った田作り（もちろん市販）をつまんだ。

❀

「誰もがもっと食卓に集まれる自由を保障するべき」と、前出の書にあった。確かに、家族で食事をすることすら困難な現状で、「食育をしっかり」「子を増やせ」とは、国は酷な要求をするものである。

家事労働の負担が女性だけにかかりすぎるのは明らかに少子化の要因であるわけだが、そう思っていたところに『日本の少子化　百年の迷走　人口をめぐる「静かな戦争」』（河合雅司、新潮選書）という本を発見。少子化の原因は様々言われているけれど、「今日の深刻な少子化は、戦後GHQが仕掛けた「もう一つの日米戦」だった！」との惹句に、新機軸の予感が……。

戦後、日本の人口増加を放置すると「日本は共産国化するか、もしくは破れかぶれとなって再び海外に活路を見出しかねないとの警戒感」を抱いたGHQは、綿密な人口調査を行いつつ、産児制限（人工妊娠中絶）の合法化のために動いたとのこと。しかし、占領国が人口抑制策を押し付けたと見られるのは良くない、あくまで日本人の意思で行ったと見せるべき、との思惑がそこにはあった。

第一次ベビーブームが昭和二十四年までの三年間でぴたりと終り、翌年には出生数が激減しているのは、優生保護法が改正され「経済的理由」でも中絶ができるようになったから。いわばほとんど誰でも中絶が可能になり、中絶ブームが到来した……。

どこまでがGHQの思惑で、どこまでが日本人の意思なのかは、はっきりしない。しかし産児制限の結果、一九五〇年代半ばには将来の人口減少が予見されたけれど、「産めよ殖やせよ」時代へのアレルギーのせいで少子化対策に及び腰になった、との指摘が。全てをGHQのせいにすることはできなかろうが、それもまた少子化原因の一つ。

産経新聞論説委員の著者は、憲法二十四条によって、誰と結婚するかは個人の判断となった途端、「結婚しない自由」が幅を利かせ、「やがて利己的な個人主義の拡大へとつながった」とする。「核家族化を進め、特に女性が『結婚しない自由』『出産しない自由』を〝権利〟として声高に語る雰囲気を作り出していった」のであり、「家族を『個人』の集合体としてとらえる考え方を持つ人」が増えたのは「行き過ぎたフェミニズムの擡頭」のせいなのだ、と。

そのように日本人の価値観自体を変えていくことが、人口戦という「静かなる戦争」に勝つためのアメリカの取り組みだった、という解釈には、少し笑う。女性が個人として認められないからこそ、女性達は昔ながらの家庭から逃げようとしたのだし、個人の集合体としての家庭を目指さずして、この先子供が増える希望はないのにね、と。

❀

人口抑制策はやがて「家族計画」という名に変化し、「サラリーマンの夫に専業主婦の妻、子供は二人」が戦後の標準家庭と化す。『謎の毒親』（新潮社）の著者・姫野カオルコも、そんな「普通の家族」像ができた時代の子供の一人。

著者の実体験に基づいて記された本書は、「相談小説」というスタイル。主人公が少女時代に親から受けた、「謎」としか言えない仕打ちの数々を、大人になった後に人生相談の形で打ち明けていく。

謎の仕打ちと言っても、殴られたり蹴られたり、ということではない。が、記されているのは「これ、本当に実体験？」とギョッとする体験の数々。ご両親亡き今、これらの体験を作品化することが著者の人生にとって必要な行為だったことが伝わってくる。

……というのも、自分の家庭も、表向きは標準仕様ではあったけれど、親がそこそこ「謎」だったから。そして「結婚しない方がいい人も、親にならない方がいい人も、いるのじゃないのかしらん」と、私が思っていたから。過去を振り返っての相談と、返される回答の応酬に、私の中の謎もほぐれ、また欠損部分も埋められていくような気持ちになった。

本書の主人公は、毒親のもとで成長するにつれ、自身の結婚を禁ずる。そこまではっきりと自分で意識せずとも、不穏な家庭で育った子供が結婚と縁の薄い人生を送るケースが、極私的統計ではあるけれど多いように思う私。非婚化は、国民皆婚プレッシャーがもたらした面も、あるのではなかろうか。

❀

これからは、家族の形態はどんどん「何でもあり」になってくるのだと思う。ステップファミリーは今や珍しくないし、同性カップルも認められつつある。夫婦が別姓だって、夫婦が入籍していなくたって、いいではないの。

そんな中で『うちの子になりなよ　里子を特別養子縁組しました』（古泉智浩、イースト・プレス）を読んだ。タイトルの通り、ある漫画家さんが赤ちゃんの里親になってからの日々が、綴られている。

不妊治療については語られることが多い昨今だが、里親や養子となると、その現実は知られていない。ハリウッドセレブがすること、くらいの印象なのだ。

作者夫婦は、六年間のつらく高額な不妊治療の末に、里親研修に参加。0歳の男の赤ちゃんを預かることになってから、苦労しつつも赤ちゃんを心底いとおしく思い、大切に育てていく。

なぜそこまで子供が欲しかったかという理由も正直に記されている本書には、人間の弱さと優しさが溢れる。そして私は、里親&子供という家族形態が持つ様々な可能性を初めて知ったのであり、家族の形態を一つに決めず、「世の中には色々な家族がある」との認識を深めることが日本の未来につながると、改めて思った。

（2016年1月21日）

高い場所に住む

ニューヨークのセントラルパークの東側、アッパーイーストは、超が付く高級住宅地なのだそう。そういえば『セックス・アンド・ザ・シティ』のキャリーは、アッパーイーストに住んでいたっけ。その地に住むセレブ妻達の生態を記したノンフィクション『**パークアヴェニューの妻たち**』（ウェンズデー・マーティン著、佐竹史子訳、講談社）を、読む。

著者は、経済力は持つけれど飛び抜けて豊かというほどでもない、そしてニューヨークがアメリカの中心とするならば地方出身の、ライター&社会学者。彼女がニューヨーク出身の男性と結婚し、夫の実家の近くということでアッパーイーストに引っ越してからの、驚愕の日々を本書では綴る。

「アッパー・イーストサイドの母親たちは、一般人とは違う特殊な種族だった」とあるように、その地区の母親達は、特殊な掟と極めて高い排他性、そして攻撃性を持つ。キャリア志向は低く、ほとんどが専業主婦。一分の隙も無いファッションと、全く贅肉の無いスタイルをキープするのが当たり前の人達である。

そんな中、著者は自分の子供を保育園に入れるにも、種族の掟がわからず四苦八苦。無事に入園できた後も、子供同士を遊ばせるプレイデートにこぎつけるまでには、荊《いばら》の道が続くのだった。

母親達の仲間に入ることの困難さに時にくじけそうになる著者だが、学術的視線でその「種族」を見ることによって、次第に彼女達の生態が整理されていく。大都会の最先端を行く女性達は、意外にも野生動物と共通する行動原理を持っており、高級住宅地とは都会の密林のよう。「お金」を持つことによって、人は原始的になっていくらしい。

❀

限られた土地しかない、ニューヨーク。アッパーイーストのような高級住宅地にあるのは一軒家ではなく、アパートメントやコンドミニアムといった高級集合住宅である。白い手袋のドアマンがいる建物のペントハウスに住むというのが、いかにもニューヨークのお金持ちらしいイメージ。対してお金持ちは最初から高い場所に住んでいたわけではなかった、ということを教えてくれるのが、『**金持ちは、なぜ高いところに住むのか　近代都市はエレベーターが作った**』（アンドレアス・ベルナルト著、井上周平・井上みどり訳、柏書房）。

新書風のタイトルがついてはいるが、原題は「エレベーターの歴史　近代の動く場について」というもの。エレベーターの歴史的意義が、ドイツ人の手によるやけに改行の少ない文章で、みっちりと記してある。

エレベーターの先進国は、アメリカ。その歴史は意外に古いが、この本は読者に、「高い建物はあったが、エレベーターは無かった時代」を紹介する。その時代は、ホテルでも住居でも、低層階ほど高級な部屋だったのであり、階段をたくさん上らなくてはならない高層階は安い部屋、使用人の部屋だった。

しかしその序列は、エレベーターによって逆転する。安全性の問題等により、エレベーターが高層建築に一気に導入されたわけではないが、エレベーターが普及するにつれ、下層階は「最も簡素な部屋」に、上層階は「最も良い部屋」となっていったのだ。

高い場所から見下ろすという行為は、成功者の特権というイメージがある。しかしテラスつきペントハウスに住むお金持ちも、オフィスビルの高層階に個室を持つ重役も、エレベーターの力によって押し上げられた人たちだった。

あまりにも当たり前な存在となっている、今日のエレベーター。しかし本書は、金持ちがなぜ高いところに住むのかのみならず、エレベーターが人間と都市とにもたらした変革について、くまなく解説する。人を高い場所まで連れていく機械は、鉄道や航空機と同様、革命的な乗り物だったのだ。

❀

速水健朗氏の新刊『東京β　更新され続ける都市の物語』（筑摩書房）と『東京どこに住む？　住宅格差と人生格差』（朝日新書）は、いずれも東京についての書。『東京β』は、変わり続ける東京の姿を、様々なメディアにおける東京の取り扱われ方から探る。

本書によると日本で初めての電動式エレベーターは、一八九〇年に開業した浅草十二階に設置されたとのこと。というより浅草十二階は、エレベーター宣伝のための建造物だった。

浅草十二階は関東大震災によって壊れた後に解体されたが、第二次世界大戦後の東京で、高い建物はどんどん増えていった。東京タワー、高層マンション、そして東京スカイツリー。小説や映画の中で、天を突く建物は、しばしば象徴的に使用されている。

たとえば湾岸地帯のタワーマンションにおける、アッパーイーストもかくやの〝ママカースト〟を示すのは、桐野夏生『ハピネス』だった。高い階の部屋ほど価格が高い〝タワマン〟では、住む部屋の階数でママの地位も変わる。

一九八三年に公開された映画『家族ゲーム』の舞台は、埋立地に建つ高層団地。そこでは「家族崩壊の予兆」が示されたが、二〇一〇年から連載が始まった『ハピネス』は、「すでに崩壊した家族が再生する」物語、という視点が興味深い。

高層住宅には多くの人が住むが、住民達が密にかかわっているわけではない。むしろ重視されるのは高いプライバシーであり、エレベーターによって、各階毎に分断されているのだ。

しかし『東京どこに住む?』では、最近の、特に若者達が、人との密な関わりを重視するようになっていることが指摘されている。

従来、東京の東側より西側の「閑静な住宅街」が住むのには良い場所と思われていた。が、「閑静」な場所はえてして都心から遠く通勤に不便で、刺激も少ない。今人気が高まっているのは、東側でも都心から近く、人も多い場所なのだそう。

「田舎暮らし」への憧れを募らせる人がいる一方で、このように都心回帰の動きも目立つ、昨今。特にIT系の企業では、「やっぱり在宅勤務とかはダメ。社員は都心に住んで、コミュニケーションをおおいにとってもらわないと」という動きもあるとのこと。IT化によって、どこにいても仕事ができるような世の中の到来が予測されたが、IT化が進んだからこそ、人が集まらなくては生まれないものもまた、見直されたのだろう。都市の最大の魅力は「他人の近くにいること」なのだ。

❀

都市として東京の大先輩が、京都。京都の街中というと、自転車でも走りやすい平たい地という印象があるが、『京都の凸凹を歩く　高低差に隠された古都の秘密』（梅林秀行、青幻舎）を読むとイメージが変わる。

〝京都高低差崖会〟の〝崖長〟という肩書きを持つ著者は、幼い頃から自宅の庭に川だの河岸段丘だのを自分でつくっていたという、根っからの高低差好き。NHK『ブラタモリ』の京都の回で、タモリさんを案内した人でもある。東大路通に面した八坂神社西楼門は石段の上に建つが、この石段自体が桃山断層の断層崖なのだ、といった話に、京都観光の視線が変化しそう。

中でも秀吉が築いた「御土居《おどい》」は、「ブラタモリ」で有名になった。秀吉は、京都を囲む城壁・御土居を造っていたのであり、その名残が今も残っている。

御土居のすぐ外には、被差別民が住んだ集落もあった。御土居は「京都の『内』と『外』を分ける社会的排除の象徴」だったのであり、「高低差とは、単なる地形を越えて、社会の高低差も意味するのかもしれ」ないと、著者は記す。

御土居のみならず、秀吉は数々の高低差を京都に残した。伏見の首都化を目論んだ、秀吉。指《し》月《げつ》の丘と呼ばれる高台に城を築いていた秀吉は、自らがつくった首都を、高い場所から睥睨したかったのか。エレベーターの無い時代も、高い場所が好きな人はいたのだ。（2016年6月23日）

料理の効能

一日中座り仕事をしていた日は、無性に料理がしたくなる。一心不乱に野菜を刻んだりアクをすくったりしていると、邪念が頭から消えてゆく。結果として食べたいものが食べられる喜びももたらされると同時に、料理は現実からの逃避行為となるのだ。

さらにもう一つの料理の効能は、自分が「ちゃんとした人」であると思うことができる、ということ。特別に手をかけた料理でなくとも、自分で作ったという事実が、ちょっとした免罪符のように思えてくる。

外食、中食、お取り寄せに冷凍食品。……と、あらゆる食の手段が存在する、今。しかしその手の手段を連続して使用しているとうっすら罪悪感が降り積もってくるのは、手作り信仰が強い日本人だからなのか。

『**男と女の台所**』（大平一枝、平凡社）は、色々な家の台所の写真とともに、その家の住民へのインタビューが収められた本。登場するのは、料理が好きでたまらない人の立派な台所ばかりではない。また、ポン酢のコマーシャルに出てくるような、普通の家族の台所ばかりでもない。

たとえば三十八歳の女性が一人暮らしをする1Kのマンションの台所は、ごく狭いスペース。この部屋に住む女性は、東日本大震災をきっかけとして、離婚した。夫と別れる前日にも夫の好きなシチューを作り、いつでも食べられるように小分けにして冷凍しておいたという、料理好きな女性である。

離婚後、何を食べても美味しさを感じられなくなった、彼女。コンビニと外食で胃を満たす日が続く。しかし半年後、「食べたいものがひとつもないのにコンビニに寄る生活がもう嫌」と思う瞬間が、やってきた。

彼女にとって、料理は結婚生活を思い起こさせるトラウマになっていたのかもしれない。しかしそこから少しずつ料理を再開することによって、彼女は生気を取り戻していく……。

ああこの感じ、よくわかる。ごはんを炊いて味噌汁を作ることによって保たれる何かが、確かに我々の中には存在しているのだ。

お父さんとお母さんと、子供が二人。……ばかりが家族ではない。単身でも同性同士でも血縁でなくても家族なのであり、そこにはいつも台所がある。誰が包丁を握ろうと、台所で作った料理を食べることによって、人は家族になっていくのではないか。

❀

手作りの料理が素晴らしいことは確かなのだが、しかし日本の食卓を手作り料理で彩るのは、そう簡単ではない。ごはんと汁、それに魚を焼くだけでは寂しすぎるので野菜料理を一つか二つ、あとは豆腐料理も添えて、でもやっぱり物足りないかもしれないから肉料理も作っておくか……などと考えるだけで、肩が重くなってくるのだ。だからこそ人は、作った料理をいちいちSNSにアップして「いいね」と褒めてもらわなくては、料理ができなくなっている。

料理という過重労働にクソ意地で耐えるか、逃避して出来合いのおかずや外食に頼るか。……という状況だからこそ、**『一汁一菜でよいという提案』**（土井善晴、グラフィック社）は今、売れているのだと思う。「がんばらなくてていいんやで」と土井先生に言っていただけるようで、料理プレッシャーが軽減しようというもの。

一方では、味噌も梅干しも自分で作ります的な「ていねいな暮らし」も、流行っている。ていねいな暮らし界のスターは多いが、昨今はドキュメンタリー映画『人生フルーツ』が話題になったこともあり、つばた英子・しゅういち夫妻の本が注目されている。

私も映画を見たのだが、雑木林に囲まれた古い家は素朴だが全てセンスが良く、庭でとれた果実や野菜で妻が作る料理やお菓子は、とても美味しそう。

映画の途中、建築家の夫は九十歳で急逝する。二人の日々を記録した**『ふたりから　ひとり　ときをためる暮らし　それから』**（自然食通信社）のタイトルは、それ故。

知多半島の造り酒屋に生まれ、「『ご新造として夫を第一に考えて大切にする』と、小さい頃から教えられて育ち、徹底的に体にそれが沁み込んでいた」という妻の英子は、一九二八年生まれ。「嫁として食べさせてもらうのなら、家のことだけは、しっかりやろう」「家族の誰かが病気になったら、その責任は自分にある、それぐらいの覚悟で台所仕事をずっとやってきた」といった英子の言葉を読むと、性役割分担がはっきりしていた時代の、盤石の安定感が伝わってくる。

映画でも、最後まで少年のようにロマンを追求した夫とそれを支える妻の姿は、美しかった。そして、

「つくったものを『おいしい』と食べてくれると、こんなにうれしいことはないなって思う。主婦っていいものよ」

「私を支えているのは、台所じゃないかなって思いますよ」

と記される本書を読めば、誰かのために料理を作ることの崇高さを感じずにはいられない。

❀

しかし、時代は動いている。つばた夫妻の生活を見ていると「我々は、何か大切なものを見失っているのではないか」的なことを言いたくはなるが、我々の家の周囲には雑木林も畑も無く、また働いている女性達はもはや、「ご新造として夫に尽くす」といった感覚も、持ち合わせてはいないのだ。

つばた夫妻は、我々にとってもはや、おとぎ話のプリンスとプリンセスのような、現実離れした存在。ディズニー映画を見るように、私は夫妻を仰ぎ見る。

対して、**『家族最後の日』**（植本一子、太田出版）は、徹底的に今の現実を描いた本。著者は、一九八四年生まれの写真家で、二十四歳年上のラッパーの夫との間に、幼い二人の娘がいる。

家族の日々を綴った日記である前作**『かなわない』**（タバブックス）は、育児の大変さと子供への愛とがむき出しで迫ってくる本だった。そしてともに働き、かつ「したいこと」が多い夫婦が、雑多な家事によって成り立つ生活を回す困難さも、伝わってきた。

夫は外で働き、家事は全て妻というスタイルであれば、話は簡単なのだ。しかし山内マリコ**『皿洗いするの、どっち？　目指せ、家庭内男女平等！』**（マガジンハウス）など読んでも感じたが、「働く」ことも「家事」も夫婦二人で、となるとその配分のややこしいことといったらない。性役割分担とは、そのややこしさを避けるために制定されたシステムなのだろう。

『家族最後の日』では、そんな一家に激震が走る。著者は母と絶縁、夫の弟が自殺、のみならず夫に癌が発見されるのだ。

夫が入院したことにより、家事と子育ては、全て著者の肩にのしかかる。もちろん仕事もせねばならず、著者は夫の存在の大きさを改めて感じることに。

『断腸亭日乗』でも『富士日記』でも、日記というのは、食べ物についての部分が読んでいる側にも楽しいのだが、著者の生活のせっぱつまり具合は、食事にも表れる。本来、著者はちゃんと料理を作りたい人であるのに、親子でインスタントラーメン等を食べる記述が。

そんな中で、久しぶりに作ったのは鍋料理で、

「連日、外食と冷凍食品だった。簡単なものでも自分で作ると、なんだかましな気持ちになる」

とあった。簡単なものであっても、外で働く者にとっての料理は負担になるが、しかし作れば必ずむくわれた気持ちになるのもまた、料理なのだ。

夫は、食道癌。腫瘍があるため、固形物は飲み込みにくくなってしまった。夫のためにお粥を用意し、ジュースを作る妻。誰かのために、何かを作るという行為はやはり美しい。そんな妻もまた、誰かが作ってくれた料理を食べて大きくなったのだし、彼女が育てる子供達もまた、大人になったら誰かのために料理を作るのだろう。

（2017年3月30日）

それぞれの「ていねい」

新入生、新入社員、新玉ねぎ、新じゃがいも。……と、うぶなニューフェイス達が目に入る季節。新生姜ごはんに新じゃがが煮っころがしなど食すと、春の生命力が身体に入ってくるかのよう。

食べものに関して記すことは苦手で、それというのも「美味しい」「普通」「イマイチ」くらいしか語彙が無いから。しかし世の名エッセイ書きは皆、食について書くことが上手い。『ウマし』（伊藤比呂美、中央公論新社）はその好例であり、美味さと上手さを同時に堪能することができる。

著者に加え、佐野洋子、武田百合子の作品は、私にとって三大「どう頑張っても絶対真似できない」エッセイなのだが、食べ物のことが書いてある部分は、特に読むのが楽しみ。三人とも日常的に料理をする人であり、生きる根源と食とが、分かち難く絡まり合っているのだ。

「あたしはカリフォルニア在住のおばさんである」

という文章が頻繁に出てくる、『ウマし』。カリフォルニアロールを食しつつ、「自分を食べてるような気がする」のは、著者がアメリカに根を下ろしているが、しかし明らかに日本人でもあるから。食べものは、自らの立ち位置を知らしめる。

健康意識が高いかの地では今、紅茶キノコがブームだそうで、それは「コンブチャ」と命名されている。著者はそれを大びんの中で作る、というか育てるのだが、「やがて飽きた」。すると株はどんどん育ち、ものすごい形相に。

しかし、それをゴミ箱に捨てることは躊躇する著者。なぜならそれが「いのち」だから。ある日著者は身を清め、コンブチャを庭に埋める。「お産の後の胞衣《えな》を埋めるのはこんな感じか、いや生き物を生きながら埋めるのはこんな感じか」と思いつつ。

食べ物は生き物で、それを食べている自分もまた、生き物。本のタイトルは『ウマし』だが、うまいまずいの底にある、生き物の凄みが垣間見える本。

❀

伊藤比呂美は夫の死後、料理をしなくなったと書く。「業というものを肩から取り下ろしたようにすっきりとしている」と。

誰かのために料理をして、「美味しい」などと言われるのは、嬉しい。自分の子供が自分の作った食事ですくすくと育つ喜びは、ひとしおだろう。

しかしそこには、落とし穴もある。料理のみならず、家事はとにかく大変で、その割には誰からも褒められず、報酬も無い。料理をやめて業が落ちたかのような気分になるのも宜《むべ》なるかな、ということろ。

家事は女の仕事、という意識が強い日本。汚部屋に住む男は「あらあら」と言われる程度でも、汚部屋に住む女は人間失格扱いされ、料理ができない男は何とも思われないのに、料理ができない女は、やはり人間失格。

この、「家事がちゃんとできない女は駄目」という感覚に警鐘を鳴らすのが『「家事のしすぎ」が日本を滅ぼす』（佐光紀子、光文社新書）。女性の皆さんはタイトルを見ただけで、首肯するところがあるのではないか。

特に昨今は、「ていねいな暮らし」ブーム。味噌作れ、梅干し漬けろと、先祖がえりプレッシャーもある。しかしそんなことをしていたら、社会での仕事もこなす今の女性達はつぶれてしまう。……ということで、著者は海外の女性達はそれほど家事に時間を割いていない、という事例を紹介しつつ、家事における働き方改革を提唱する。

「ていねい」好きな日本女性、家事のハードルを自分で上げておいてヘトヘトに、というケースも多い。そんな「やりすぎ家事」からの脱却を著者は提唱するが、かつてそれは「手抜き」と言われていた。家事の合理化を「手抜き」と捉えることを止めない限り、日本女性の家事に対する呪縛が消える事はなかろう。

またSNSでは「こんな素敵な料理を作りました」といった家事アピールをする女性も目立つが、それは「いいね」でももらわないと、やってられないから、という気がする私。ネット上での完璧家事アピールがまた、「あの人はこんなにしているのに私は……」と、見る側へのプレッシャーを強める気がするのだった。

❀

アンチ「ていねいな暮らし」の動きもあって、「ていねい」の取り扱い方には、注意が必要になっている。私は、遅ればせながらごく最近、栗原はるみファンになったのだが、彼女のレシピは分量にしても手順にしても複雑ではない。しかし彼女が担当する「きょうの料理」では毎回、「ていねいに作りましょう」的なナレーションが入るのだ。

「ていねい」は料理界において、おそらく「愛」の同義語。「ｈａｒｕ＿ｍｉ」（栗原はるみが主人公の季刊誌）春号を読めば、夫や子、孫といった家族のために作る様子が頻出する。

中国料理好きの私はウー・ウェン（中国出身の料理研究家）ファンでもあるが、彼女の新刊『**シンプルな一皿を究める　丁寧はかんたん**』（講談社）を見ても、タイトルからして「ていねい」プレッシャーで読者が引かないよう、考えられている。

著者もまた、子供を育てながら料理研究家としての地位を築いた人。二人の子供が社会人になるということで、「母としての卒業制作」のような思いで、この本ができたのだそう。

この本における「ていねい」とは、たとえばもやし炒め。もやしの根を一本ずつ取り、長さを揃えてカットするのは「考えただけでも気が遠くなりそう」だけれど、するとしないとでは「仕上がりの美味しさが全然変わってくる」。そして子供達にリクエストされると、作らないわけにいかないのだ、と。

もやしの根を一本ずつ取るのは、確かに時間がかかる面倒な作業である。そして誰も、「よく取った！」とは言ってくれない。

昔の日本女性は、誰から褒められずとも、またSNSでアピールせずとも、マシンとなってこの手の作業を黙々とこなしたのだろう。しかし今、女性の生き方は様々で、資質も様々であるわけで、誰もが「ていねい」を極めることができるわけではない。ひげアリのもやしでもやし炒めを作る女性そして男性のことを、「家族に対する愛が不足している」と判断したくはない、と私は思うのだった。

❀

佐野洋子も、もやしのひげを取る。『佐野洋子の「なに食ってんだ」』（オフィス・ジロチョー編、NHK出版）は、佐野洋子作品から食べることにまつわる記述を抜き出し、写真や絵、レシピとともにまとめた本。

『向田邦子の手料理』は、エッセイ書きの料理本の名著として知られるが、こちらはその佐野版といったところか。

ここには、

「私はテレビのコマーシャルの時だけ家事をする」

とある。その時にするのが、もやしのひげ取り、枝豆切り、クリの皮むき、餃子の中身つめ……といった作業。

テレビの前でこの手の作業をするひと時、ちょっと楽しい気分を覚えることは事実。手を動かす喜び、のようなものがそこにはある。

それもまた、誰かのための作業なのだった。自分一人が食べるのであったら、人はもやしのひげを取るのだろうか。というよりそもそも、もやし料理を作ろうとするのだろうか……？

子供が独立した後、自分のためだけの食事を作るようになり、

「私は、何も文句のない便利な台所でボー然としている」

と書く佐野。さらには、

「台所は、ただ料理を作るところだけではない。ものを食べるという事が作り出す人間のつながりとしがらみを作るところなのだ」

と。

しがらみが解ければ、つながりも薄れる。面倒なことと喜びとは表裏一体であると知って、人は日々、もやしのひげを取るのだろう。

（2018年5月17日）

〝土地〟の性分

高校時代の娯楽は放課後に渋谷に行くことで、センター街からスペイン坂、そして公園通りへと闊歩するだけで満足だったのだが、大人になると渋谷を欲する気持ちは激減した。渋谷駅前のスクランブル交差点は、大人の侵入を阻む結界。どうしても行かなくてはならない時は、井の頭線の神泉駅を利用している。

そんな渋谷は今、大規模再開発の渦中にある。従来よりも大人っぽい街を目指しているように見えるのは、さらに進む高齢化へ向けての準備なのか。

『渋谷の秘密』（三浦展監修、ＰＡＲＣＯ出版）は、パルコ出身で渋谷と深い繫がりを持つ編者が、様々な角度から渋谷を掘り下げる書。きらきらしい装丁のこの本自体が、渋谷の存在感を体現しているようである。

今はラブホテル街となった円山町には隆盛を誇った花街があり、そのすぐ隣には、鍋島家本邸があった高級住宅街の松濤が。谷と山とで構成される渋谷は今もなお、その陰陽を宿す。

興味深かったのは、秋尾沙戸子によるワシントンハイツと渋谷との関係性の解説である。戦後、米軍将校とその家族の住居となった、ワシントンハイツ。今は代々木公園やNHKなどになったその地から最先端のアメリカ文化が周辺地域にはもたらされ、キデイランド、白洋舎、紀ノ国屋等はその名残である。しかし渋谷は低地だったこともあり、「陰の気が漂う、危ういエリア」だったのだそう。

戦後の「シブヤ」は、「谷底に集積された闇市時代のエナジーの上に、北から形成されたアメリカ化の磁界にありながら、やや遅れて、NHKの発信力と、東急と西武がつくり上げた間接的アメリカ文化を、若者たちが受容し、彼らの感性で上書きした」ことで成立した地、との文章が腑に落ちる。

高校時代の私が練り歩いた渋谷は、まさに東急と西武がもたらす間接的アメリカ文化に浮かれた街だった。それが上書き後の渋谷であったことに気づくべくもなく共に浮かれることの、何と楽しかったことか。

再開発によって、「陰の気」を塗り込めようとしている、今の渋谷。しかしそれでも、渋谷には湿度と闇が残り続けるのではないか。否、残り続けてほしい。……と、陰の魅力がわかるようになった今、思う。

❀

渋谷で起きた事件といえば、東電ＯＬ殺人事件。陰陽が隣り合う渋谷を象徴するかのような出来事であり、ある土地で発生する出来事には、理由があることを感じさせる事件だった。

『地形の思想史』（原武史、ＫＡＤＯＫＡＷＡ）は、政治思想史の観点から、土地とそこで起きた出来事との関連性を探る書。たとえば、「プリンス岬」との異名を持つ五味半島は、浜名湖の奥にある小さな岬。この地のとある企業の保養所を借りて、現上皇が皇太子だった時代、家族を連れて夏の数日を毎年過ごしていたことは、あまり知られていない。

それは日本において、核家族の暮らしが確立された時期であり、また新左翼や全共闘の活動が目立った「政治の季節」でもあった。そんな中でプリンス岬は「核家族としての皇太子一家のごく普通の夏休みを確保するための、最後の砦」だったのだ。

はたまた、小田急線の路線図で見る「相武台」の命名者が昭和天皇だと知れば、天皇と軍隊のかつての関係性に気づかされる。そして鹿児島・垂水市では、二〇一九年まで女性市議がゼロであったという事実が、大隅半島に残り続ける第二次世界大戦の濃厚な記憶とつながっていく。

オウム真理教事件と、富士山麓。ハンセン病と、長島。……著者は近代史の舞台となった現場を実際に訪れることによって、歴史の深層へと繋がるドアを開けていくのだった。

国会も皇居も東京にある中、我々は東京を中心に全てが動いている感覚になりがちである。しかし中央以外の場所においても、時代を象徴する出来事は静かに進行している。実際にその地に足を運んで過去からの声に耳を澄ませることの重要性を感じさせる一冊。

江原啓之氏について多くのページが割かれているのを見て『ポップ・スピリチュアリティ メディア化された宗教性』（堀江宗正、岩波書店）を手に取った。江原氏といえば、女性誌愛読者にはつとに名高い、スピリチュアリスト。彼が「発見」されたのは、一九九四年の「アンアン」においてだった。

❀

バブル崩壊後、運やら占いやらの特集が「アンアン」で増えていった中で、当時一部で話題になっていた江原氏が「霊能者」として登場。林真理子氏と「心霊対談」を行ったのだ。

当時はまだ「スピリチュアル」という言葉は人口に膾炙《かいしゃ》しておらず、「霊」という文字が使用されている。が、その後江原氏人気のブレイクにより、「スピリチュアル」という言葉が台頭。江原氏の肩書きは「スピリチュアル・カウンセラー」（後にスピリチュアリスト）となり、オカルト的印象をも持つ「霊」の文字は、女性誌上で目立たなくなっていた。

宗教心理学者の著者は、そういった現象を「ポップ・スピリチュアリティ」と呼ぶ。本書では、「スピリチュアル」との言葉を得たことによって、その周辺がマスコミに取り上げられやすいカジュアルなムードになっていく様子と背景とが明らかにされ、女性誌読者として江原現象を楽しんでいた私も、膝を叩きつつ読んだ。

アメリカでは、「宗教的かつスピリチュアル」な人が過半数を占めるのに対し、日本では「霊を信じるが無宗教」という人が半数近いのだそう。オウム真理教事件以降、特定の宗教への信仰とは結びつかず、個人的信念に留まる日本型のスピリチュアリティは、メディアにとっても好都合だった。

前世ブームや、パワースポットブームといった現象においても、江原氏の影響は大きい。氏は、パワースポットのガイドブック的な書籍も何冊か出しているのであり、その手の本を片手に、島根などにある通好みの神社に、結婚成就を祈りに行った人も少なくないはず（ちなみに、結婚できないという悩みを抱えてパワースポットに出向くのは、日本独自の現象らしい）。

本書を読んでいて、スピリチュアルブームとは、不幸よりも不安が募る時代だからこその現象という気がしてきた。宗教にすがらずにいられないほど、不幸ではない。しかし先行きは不透明でその解決法も提示されないからこそ、ブームの主な担い手である女性達は、サプリメントを飲むかのように、パワースポットを巡るのではないか。

サプリもパワスポも、無くても別に、困らない。しかし、何かをちょこっと信じることによって女性達が得ようとしているものは、意外と大きいような気がしてならない。

❀

パワースポットとは、その場所に行くと、気持ちがすっとしたりやる気が出たりなど、精神状態に前向きな効果が出る場所を指す。そのような良い気が漂う場所がある一方で、悪い気が溜まる場所も存在するそうで、『うつくしが丘の不幸の家』(町田そのこ、東京創元社)は、住人が居つかず、近隣住民から「不幸の家」と言われる家が舞台の、連作小説集である。

その家があるのは、郊外の新興住宅地。家の押入れには、「おんなのおはか」という不吉な落書きが……。

歴代住民はなぜ、不幸の家を出ていったのか。なぜ、押入れには落書きがあるのか。それが明らかにされていくにつれ、「不幸」という他人が貼ったレッテルが次第に剝がれてきて、いつの間にかほんわかしているという意外な読後感に驚いた。

場所の良し悪しも、自分の幸不幸も、自分で判断するべきもの。……という基本的事実に、改めて気づかされる小説。

(2020年2月6日)

ひきこもりの効能

コロナ時代となって、自分がひきこもり傾向を持っていることに気づく。ステイホームに苦痛を感じる人がいる一方で、大手を振って在宅できることにほっとしている自分がいるのだ。

そんなわけで「仲間がここに」と手に取った、『**ひきこもり図書館　部屋から出られない人のための12の物語**』（頭木弘樹編、毎日新聞出版）。カフカ、萩原朔太郎等、洋の東西と時代を問わず存在したひきこもり達の言葉で編まれた図書館に、しばしひきこもった。

収録作品に登場するひきこもり達のタイプは、様々。外界からひたすら自身を防御する、カフカのような人。宇宙船という、こもらざるを得ない空間について書いたのは、SF作家の梶尾真治。エドガー・アラン・ポーは、現在と同様、伝染病が蔓延した時代にコクーンに逃げ込んだ人々を描く。

ひきこもり達の心理に迫る作品解説も、本書の読みどころである。例えば韓国人作家ハン・ガンの「私の女の実」について、

「ひきこもることは、植物になることに、近いところがあります」

と書くことができるのは、編者が病気のために十三年、ひきこもり生活を余儀なくされた経験を持つからこそ。

最後に収められるのは、萩尾望都の漫画「スロー・ダウン」。実験のために外部からの刺激を一切遮断された空間で、男がちらりと目にした、あるもの。その「あるもの」が男に、強烈な衝撃をもたらして……。

日本中、否、世界中の人々がこもることを余儀なくされている今、ひきこもりの意味、そしてある種の効能を提示する書。

❀

ポップミュージックの人気者として活躍した大江千里氏が、四十七歳にしてニューヨークへ移り住み、映画『セッション』ばりのジャズ修行。……という日々を描くエッセイシリーズを愛読しているが、その第三弾『**マンハッタンに陽はまた昇る　60歳から始まる青春グラフィティ**』（KADOKAWA）が出た。

ひきこもり傾向を持つ者としては、愛犬と共にアウェイの地で新しい人生を拓く著者の人生には、おおいに鼓舞される。「60歳から始まる青春グラフィティ」と副題にあるように、挑戦を続けつつ、著者は密度の高い年齢を異国で積み上げている。

そんな中で発生したのが、新型コロナのパンデミック。ニューヨークはロックダウンとなり、ライブは次々とキャンセルに。著者もひきこもり生活を強いられる。

著者がそこで気づくのは、ニューヨークという街の〝ジャズ性〟だった。様々なルーツを持つ人々が住む中では、他者を尊重しつつ目に見えないルールが育つ。そしていざ危機がやってくれば、皆が同じ方向を向く。外に出られない状況において、著者はニューヨークとジャズとをさらに深く知ることになった。

パンデミックでも、ひきこもっていても、陽はまた昇る。大人の冒険譚に、心が弾む。

❀

コロナ事情が変わるたびにお上から出される、指令のような標語のようなもの。そんな言葉を聞きつつマスク必須の日々を送っていると、第二次世界大戦の時代の息苦しさもこんな感じだったのでは？　という思いが湧いてくる。

『「暮し」のファシズム　戦争は「新しい生活様式」の顔をしてやってきた』（大塚英志、筑摩選書）は、「新しい生活様式」との言葉から想起させられる、戦時下の「新体制運動」の新しさとはどのようなものだったのか、というところからスタート。翼賛体制は、国民に「日常生活」を「一新せよ」との号令をかけたが、家庭が戦時体制の一細胞となり、国の意思が生活に介入してきたこの時代の、プロパガンダの手法を紐解く。
女性が担う領域だった生活を掌握すべく、国は「女文字」の巧みな使い手達を動員する。それは、村岡花子のような女性ばかりではない。花森安治が大政翼賛会宣伝部において、国家広告の有能なプロデューサーだったことは知られているが、その手腕は女性と生活の分野にも発揮された。

彼が携わった女性誌では、翼賛体制での新生活が、我慢の強制ではなくむしろ豊かな生活なのだ、と表現。そのページは驚くほどに、昨今流行の「ていねいな暮らし」的諸雑誌と似ている。新聞の四コママンガやテレビのホームドラマ等、その根っこが戦時下につながるものは多いと示唆する、本書。生活という、一見戦争とは離れた領域こそが、実は翼賛体制のゆりかごと目されていたのだ。

コロナ時代に求められる生活の「新しさ」は、もちろん戦時下とは異なるものである。しかし、お上が国民をまとめて動かしたいと思った時、日々の暮らしに忍び寄る足音を聞き逃す危険性は、今も存在し続けているのだろう。

❀

「イギリスの「女の子」の戦時貢献」との副題がつく『**制服ガールの総力戦**』（杉村使乃、春風社）

は、『「暮し」のファシズム』との併読をおすすめしたい本。戦時下のイギリスにおける若い女性のあり方と扱われ方が本書には記されるが、その「扱われ方」が日英で全く異なるのだ。

イギリスでは、第一次世界大戦中から、軍の補助的任務を担う女性が存在し、第二次世界大戦でも、制服姿の「ガール」達が活躍する。ガール達の姿は雑誌の表紙にも頻出した。

彼女達は、髪型やメイクもおしゃれで、明るい笑顔を浮かべている。「贅沢は敵」で「パーマネントはやめませう」の日本に対して、イギリスでは美や明るさといった「女らしさ」を女性達が保つことによって、前線で戦う男達を奮起させるという、チアガールとしての任をも担っていた。

反ファシズムを打ち出すグラフ誌では、イギリスのガールとドイツのガールの写真が対照的に並べられてもいた。イギリスのガールは、肢体をのびのびと出して海で日光浴をしているのに対して、ドイツのガール達は制服姿で背筋を伸ばし、ナチス指導者の話を静聴している……。

ドイツのガールの写真は、『「暮し」のファシズム』の表紙の、制服姿でガスマスクを装着して行進する女学生群の写真と同じテイスト。戦時下の日本のグラフ誌にもガール達の写真はしばしば掲載されたと同書にはあるが、それは銃を担い、制服制帽で行進する女学生等、一糸乱れぬ集団行動をする姿だった。彼女達は、全体主義を隅々まで浸透させる役割を担っていたのだ。

写真は、ファシズム側でも、反ファシズム側でも有効に活用されたわけだが、いずれの国においても若い女性達は、視覚的アピールをするのに効果的な、目立つ〝コマ〟。現代においても、コロナ禍を象徴する画像として若い女性のマスク姿がよくテレビに映されるが、それも戦時の感覚とさほど変わるものではないのだろう。

❀

『佐野洋子　とっておき作品集』（筑摩書房）で、没後十年以上が経った今も、単行本未収録作品が読めるのが嬉しい。

昭和十三年に北京で生まれた佐野は、戦時下の少女だった。「私の服装変遷史」では、北京時代から大人になるまで、「何を着ていたか」が、手書き文字と画で描かれている。

三歳の時点ではまだ、ビロードのケープなど洒落た服を着ていたが、物資が不足してくると、様々なものを転用した「更生服」が登場。「父のくるめ絣」で作ったワンピースは、丈を伸ばしながら五歳から小五まで着続けた。どんなに古くなっても「光り輝くようだった」というそのワンピースこそ、「ていねいな暮らし」の産物なのかも……。

引き揚げ後は配給のモンペと手作りの草履で過ごした少女は、やがてセーラー服の女子高生となり、ミニスカートブームの時にはミニのマタニティドレスを身につけ、母となる。自分が「着たい」ものと、流行だの他者だのから「着させられる」ものは実は紙一重なのかもしれないなぁ、と思えてきた。

（2021年4月29日）

よむ、食べる、やめる、観る

平安文学が好き、などと言いながら、物語を読む時には、和歌を読み飛ばしている。物語の中に唐突に登場する和歌が、流れを邪魔する異物に思えるのだ。

そんな中、和歌アレルギーを矯正してくれそう、との予感とともに**『女子大で和歌をよむ　うたを自由によむ方法』**（木村朗子、青土社）を手に取ると、「平安時代の物語は歌なしにははじまらないミュージカルのようなもの」との記述に、膝を打った。

ミュージカルと考えるならば、和歌は物語の流れを堰き止めるものではなく、むしろ盛り上げる存在。だとしたらどう読むか……？　が、本書では説かれている。

『源氏物語』、『伊勢物語』、そして『和泉式部日記』をテキストとして、津田塾大学での講義を元に構成された本書。読者は授業を聞くかのように読み進めるのだが、特徴的なのは和歌を「読む」だけでなく「詠む」、すなわち実作の方へと誘う姿勢である。

各章の冒頭では、与謝野晶子、俵万智、穂村弘といった歌人の作品、震災や同性愛を詠む歌等、近現代の短歌の数々が紹介される。平安の和歌と現代の短歌は、地続きなのだ。

また、例えば『伊勢物語』における色好みとは、を考察した後には、「色好みの女になりきって歌を詠んでみましょう」との課題に応えた大学生達の短歌や、授業の感想が掲載される。彼女達の反応からは、講義を受けるにつれ、心の中身をさらけ出す短歌という手法に惹かれていく姿を読み取ることができるのだ。

『女子大で和歌をよむ』の「よむ」は、すなわち「読む」と「詠む」とのダブルミーニング。本書を読み終える頃には、歌を「詠む」ことの魅力にも気づかされ、三一文字のリズムに言葉を乗せてみたくなってきた。

❀

『ベイルート961時間(とそれに伴う321皿の料理)』(関口涼子、講談社)は、レバノンの首都、ベイルートの食に関する書。……だが、数多ある食の本の中で類書を見ない一冊となっているのは、それがレバノンという日本人にとって馴染みの薄い国が舞台となっているからだけではない。

フランスに住み、日本語とフランス語とで創作活動を行っている著者。ベイルートについて一冊の本を書くことを条件に、ベイルート国際作家協会からの招聘でベイルートに約一ヶ月半滞在した結果が、本書である。

著者は食という窓を通して、この国を見る。レバノンの人々が作った料理を日々食し、レバノンの人々に、食べ物や料理の話を問い続けたのは、著者が、

「ある食文化はひとつの言語のようなもの」

という感覚を抱いているからだろう。

ケシェク。ケッベ。マアムール。……聞きなれぬ料理の数々を食し、時にレシピを習うことは、その土地の言葉を口にするのと同じような意味を持ち、料理と結びつく記憶や歴史が、著者の中には流れ込む。

様々なハーブを使用するレバノンの料理は、香りが特徴的でもあるらしい。食文化が言語のようなものだとしたら、それぞれの食材は、単語のような存在であり、食材の香りは、単語の音。詩人である著者による、

「詩にとって、音の問題が意味より時に重要であるように、香りの要素はこの料理にとっては決定的な役割を担っている」

との記述を読めば、思いは鮮烈な香りと共に、この地に飛ぶかのよう。

著者は、食という「一見深刻でない」テーマを通して、この国の人々が抱く、内戦、宗教、民族、移民……といった陰影の記憶も、身体に取り込んでいく。それは、本を読んで知識を得ることよりも心の深い部分に刻まれる体験だったに違いない。

「961時間」は、著者がベイルートに滞在した時間。そして「321皿」は、この本の章の数でもある。著者があらわした三二一皿が並ぶ光景は、歴史の波に揉まれるレバノンという国へと捧げる祈りの言葉のようでもあるのだった。

❀

九六一時間は、約四〇日。では二〇〇〇日は？　……と考えたのは、**『人は2000連休を与えられるとどうなるのか？』**（上田啓太、河出書房新社）とのタイトルを見たから。

著者は元、会社員。会社を辞めたことにより、「連休」の日々が始まる。そして本書は、結果的に六年続いた連休の日々に自身がどう変化したかについての観察記であり、実験記である。

会社を辞めた直後は至福の解放感に包まれたが、そこから生活が乱れ始める。将来への不安も募ってきたので次第に生活リズムを整えるように……というのは、だいたい予想のつく展開であろう。このあたりでだいたい、三〇〇連休経過。

そこから始まるのは、自身を実験台とした様々な取り組みだった。狭い部屋にこもってネットに浸る生活をしている中でまず自らに課したのは、「文字を読むことをやめてみる」という実験。

「読むことは食べることに似ている」

という著者の感覚は、『ベイルート961時間』の著者とも似ているのであり、「無自覚に言葉を食べていれば、腹を壊すように頭を壊す」と、言葉の断食を敢行するのだった。本を読むことも禁じて数日が経過すると、頭の中が静かになり、道に書かれた「とまれ」の文字にすら、敏感に反応するように。

人間関係がほとんど生じない中で生きていると、「自分」がどんどん薄くなっていくことにも、著者は気づく。他者がいてこその「自分らしさ」だったのであり、他者が存在しないことにより自分の輪郭がぼやけていく感覚を得た著者は、やがて自分の心身を徹底的に見つめていくのだった。

その感覚をより鋭敏にするため、著者は食事、睡眠、排泄以外のほとんどを自らに禁じる。暇は暇のままにして、暇をつぶすことは禁止。「肉体をにごらせる」ので、強い刺激のある飲酒と射精も禁止。……という日々は、さらなる感覚の変化をもたらすのだ。

二〇〇〇連休中の著者の行動は、ほとんど引きこもりに近く、どこかへ行ったり、誰かに会ったりという、一般的に有意義とされる行動はほぼしていない。が、その内面で繰り広げられたのは、とてつもないスケールの冒険だった。

心身をギリギリまで追い詰める著者のやり方は宗教家のようであり、その観察眼は科学者のよう。結果としての本書は、自分という存在のあやふやさを放置し続けている人々に匕首《あいくち》を突きつける、実は危険な一冊なのだった。

『2000連休』本において著者は、「ネットを見る自分」をも観察している。すると、普段いかに異常な速度でネットに接しているかを理解すると同時に、ネット慣れした状態のままだと集中力が数分で分断される、とも気づくのだった。

❀

話題の『映画を早送りで観る人たち　ファスト映画・ネタバレ——コンテンツ消費の現在形』（稲田豊史、光文社新書）は、タイトル通りの行動をとる人々について詳述する書。それは、膨大な情報の中で生き残るために編み出された手法ではあるが、ネット世界で千々に乱れた集中力が招く行為でもあるのかも、という気もしてきた。二時間の映画に、今の人々はもう辛抱できないのだ。

倍速視聴や一〇秒飛ばしといった見方をする人々の前では、映画は物語ではなく情報と化す。映画は「観る」ものでなく、「知る」ものとなった。

厚みのある作品を、ペラッとした情報にしてしまう倍速視聴の背景にある人間の変化を知ると、背筋がうすら寒くもなっていく。……のだが、しかし平安時代の物語を読みながら、和歌を「ウザっ」と読み飛ばす自分と、映画を早送りで観る人は、実はさほど違うものではない。放っておけば、自分にとって快適なものしか選ばない人間の本能が、ここからは見えてくる。

（2022年5月26日）

III　歴史の中へ、社会の中へ

濡れて、横たわる

「週刊文春」の「原色美女図鑑」を見るといつも、男性が女性を見る視線、というか「こう見たい」という意識は変わらぬものなのだなぁ、と思う。

美女図鑑に限らず、雑誌のグラビアにおいて、モデルの美女達はいつも、濡れているか、横たわっている。濡れながら横たわっている人もいる。すなわち「やられちゃった後」みたいなショットが、頻出するのだ。

女性の活用が国レベルで言われる時代となっても、グラビア界の女性はいつも「やられちゃった」人なのであり、「やってやった」人ではない。性的意味合いがしたたりおちそうな「やりやすい女」を、グラビア界は求めているのだなあ、と思いつつ『ヌードと愛国』(池川玲子、講談社現代新書)を読む。「ヌード」と「愛国」というとまるで関係無い言葉のように思えるが、本書で取り上げられているのは、男性の劣情をそそることを目的としたヌードではない。日本の近現代史の中に、意識的であれ「はからずも」であれ、「ポロリ」した裸体の存在する理由を、あぶりだす。

明治期に盛んになった西洋画壇における、男性ヌードの局部の取り扱い方から、七〇年代の、パルコの「手ブラ」ポスターまで。日本では様々な裸が、時代時代に求められてきた。

中でも興味深かったのは、第二次大戦直前、ハリウッドから企画が提案された「日本の女性」という映画。アメリカからの観光客をとりこむべく、日本側も「乗った！」となる。

この時、アメリカ側の提案したシナリオには、海底で巨大ハマグリに襲われた海女を仲間が救い出す……といったお色気アクションシーンがたっぷり含まれていたという。

結局、日米の開戦によってこの企画は消えたが、代わってつくられたのは、主に独・伊に向けた「日本の女性」。ここでは「エロ排除」の姿勢が徹底され、わずかに含まれるのは、美術学校の女生徒が女性ヌードモデルをデッサンする、というシーン。

アメリカから提案されたのは、日本という、アメリカから見たなら未開で野蛮な国のエキゾチシズムとエロティシズムにスポットライトを当てた映画だった。そして開戦後につくられたのは、エロな裸とは異なる芸術としての裸を、女生徒がデッサンする姿。すなわち「西洋文明の粋である芸術が、日本において完全に咀嚼されたことの文化的な勝利宣言に他ならない」と、著者は記す。

嗚呼、日本人は戦時下で、こんな部分においても「負けないわ」という姿勢を見せていたのですね。しかし平和になった今、そんな頑張りを見せる必要はどこにもなくなり、日本女性達はグラビアの中で思う存分、濡れたり横たわったりしているのだった。

壇蜜さんといえば、グラビア界の第一人者であった方。和風なムードを持つ彼女は、しっとりした和エロの雰囲気を醸し出し、今までにないセンセーションを巻き起こした。戦前・戦中の時代から一回りして、すっかり欧米化した気分の日本人が、同胞女性をエキゾチシズム込みのエロ視線で見るようになった、ということなのだろう。

そして壇蜜さん自身は、同胞男性の視線のことは百も承知の上で、むしろ異性の視線を自在に操っているように見えたものだ。

テレビでの発言を聞いていても、その知性が隠せぬ壇蜜さん。知的であるからこそ視線の操作が可能なのであろうと、『**壇蜜日記**』(文春文庫)を読む。予想に違わず、面白い。……というより面白すぎる。

2013/12/12　晴れ

好み。「どうせなら」を趣味といい、「どうしても」を癖という。

などという一文を読むと、ずきゅんときて、ページを繰る手がとまらない。

壇蜜さんの本名は「齋藤支靜加」さんというのだが、齋藤さんは飼育行為を好む。猫と熱帯魚を家で飼い、さらには「壇蜜」をも飼育しているように見受けられる。猫と魚と壇蜜に振り回されつつも、それらは齋藤さんにとってなくてはならない存在なのであって、この本はそんな日々を淡々と記した飼育日記。

「壇蜜」のことを、齋藤さんは冷静に見ている。秋の日のグラビア撮影を振り返り、

「この季節に海辺で全裸はなかなかの苦行だが、決して嫌になることはない。この仕事が好きだとはっきり言える瞬間だ。長居はできない世界というのが口惜しい」

と記せば、その翌年は仕事仲間に、

「もうスチールに堪《た》えられる体じゃない」

と言われ、

「というわけで今日は壇蜜としての死亡記念日とする」

と記す。

するりとスターになった印象のある彼女だが、日記を読めば、世に出るまでは様々なことがあったと想像される。壇蜜を見つめ、壇蜜を育て、壇蜜に泣く女性の姿が、今ここに。

齋藤さん／壇蜜さんは雨女で、日記にはびしょびしょした記述が目立つ。そして彼女は寝るのが大好きで、いつも寝ている印象も。やっぱり、エロい女性は「濡れて、横たわる」ものなのですねぇ。

人は誰しも、自分の中に他人を飼育しているのかもしれない。齋藤さんが飼育する「壇蜜」ほどにそれが成長せずとも、自分の内部にぽっちりと、しかし確実に存在する他者を愛でるのは、楽しいものだ。『室町時代の少女革命　『新蔵人《しんくろうど》』絵巻の世界』（阿部泰郎監修、江口啓子・鹿谷祐子・玉田沙織編、笠間書院）を読んだら、大昔にも自分の中の他者を育てようとする女性がいたことがわかった。

この本は、室町時代に書かれた『新蔵人』という絵巻の解説書。『新蔵人』については私も初めて知ったのだが、そのストーリーに仰天した。

登場するのは、さほど身分は高くない、貴族の一家。両親の間には、宮中で蔵人を務める一人の息子と三人の娘がいる。その娘達の生き方はそれぞれ違って、長女の大君は、「生きていても悲しいことばかりなのだし」と出家。次女の中君は、内侍として宮仕えに出ると、帝の寵愛を受けて懐妊という、女の花道コースを歩む。

では三女の三君はというと、二番目の姉が「あなたも出仕しなさいよ」と宮仕えをすすめるけれど、

「こまごまとした女の宮仕えだなんて、私はまっぴらごめん」

と、断ってしまう。そして彼女は、

「私は男として宮仕えがしたい！」

と言い出すのだ。

何を突飛なことを……と両親が一笑に付すのかと思いきや、父親は、

「思った通りにするのがいいのでは？」

とばかりに三女の希望をあっさり認め、男装で出仕させることに。

蔵人を務める兄がいることから「新蔵人」となった、三君。本当は「彼女」である「彼」は、帝に気に入られる。そして何と、帝と親密な関係になってしまうのだ。端から見たら同性愛、しかし本当は異性愛の二人。この先の展開は、もっと過激になってくる。

女性の男装ストーリーとしては、『とりかへばや物語』などの先例がある。が、この『新蔵人』が面白いのは、

「私は男になって自由に動き回りたいの」

と、三君が自分で男装を希望したという点。女性貴族は、他人に顔を見せることも自由に歩くこともままならなかったからこその、ほとばしる欲求だったのであろう。

あくまで物語ではあれど、このような物語が成立した室町という時代と、その時代の女性達に、グッと親しみを覚えるこの絵巻。「もう一人の自分」を果敢に追い求める男気と、どろりと生々しい女気とが溶け合った独特な女性像に、ひきこまれた。


（2014年11月27日）

遊女のドラマ、斎王のドラマ

大阪は日本橋の国立文楽劇場にて、『曽根崎心中』を観る。近松門左衛門によるこの名作は、遊女のお初と醬油屋の手代である徳兵衛の、悲恋の物語。

お初と徳兵衛は、今で言うなら、風俗嬢と中小企業の主任クラスの男性、といった感じか。恋人同士である二人の前には立場の違いやお金絡みの問題が立ちはだかるのだ。

心中物ではたいてい、男の方が情けない性格である。徳兵衛もお金で失敗しているのであるが、積極的に死へと誘うのは、お初の方だった。

お初がなぜ潔く死へと向かっていくのかといえば、彼女が遊女、それも堂島新地に生きる下級の遊女だから。徳兵衛と結ばれる夢が消えた時、彼女は来世で夫婦となることを願って、死を選んだのだ。

春をひさぐ仕事をする女性は、今も存在する。世界最古の職業は、滅多なことで消えることはないのだろう。が、『曽根崎心中』の時代の売春と現代の売春とでは、かなりイメージも違う模様。**『江戸の売春』**（永井義男、河出書房新社）を読むと、江戸時代に身体を売って生きていた女性達には、様々なランクがあったことがわかる。吉原のような遊郭は公認の売春街であり、歌舞伎等でおなじみの傾城は、そちらの所属。対して非合法の遊里である岡場所には私娼達がいた。それ以外にも、夜鷹《よたか》、地獄、舟饅頭《ふなまんじゆう》といった、様々なタイプのフリーの私娼もいたのだそう。

吉原等の遊女達は自分の意思で遊女になったわけでなく、「親に売られた結果の身の上」なのだからして「親孝行をした女」として見られ、蔑視されなかった、と本書では強調される。「年季を終えて素人に戻った元遊女を、とくに経歴も隠さず妻に迎えた」というケースもあった、と。だからこそ、文楽や歌舞伎の演目においても、遊女達はしばしば登場するのだろう。今、ゴールデンタイムに風俗嬢がバンバン登場するドラマが放送されることは考えにくい。が、当時は当たり前のように遊女が存在し、男性は遊里通いを堂々としていたからこそ、遊女達は特に社会の視線から隠蔽されずに生きていたのではないか。

とはいえやはり、ランクによってはつらい思いをした遊女も多かったに違いない。ちなみに堂島新地は、江戸で言う岡場所、すなわち私娼街。お初は徳兵衛との未来にかすかな夢を見たのだけれど、やはりそれは叶うことがなかった。当時はうっそうとした森だった曽根崎の地で、お初はあたら十九歳の命を散らしたのである。

❀

私娼の立場は悲惨だったけれど、公娼については今で言うところのキャバクラ嬢くらいの感覚だったのかも、と想像してみる私。並の女性よりよほど教養豊かな遊女もいたらしい。

また『江戸の売春』には、吉原には芸者もいて、基本的に芸者は芸をするのみで身は売らなかった、とあった。芸者は遊女よりも格下の存在だったが、中には密かに身を売る芸者もいて……といったことを読むと、芸を売ることと身を売ることの区別が難しくなってくる。

そもそも、遊女は芸を売る存在だった模様。『中世の〈遊女〉 生業と身分』（辻浩和、京都大学学術出版会）によると、鎌倉中期まで、遊女とは芸能を生業としていた女性達を指す言葉だったのであり、蔑視されることもなかったのだそう。

十二世紀には、貴族や武士等と遊女の間に子が生まれるケースが見られ、後白河は遊女や傀儡子《くぐつ》を身近に召し、遊女との間に子も生《な》している。

この頃、貴族女性は男性に顔を見せることはなく、歌ったり踊ったりすることもなかった。そういった「男性との接触制限が強化されていく中で」「〈遊女〉たちが貴族男性の需要を満たしていく」ようになったのだ。後白河や後鳥羽は、今様や白拍子舞といった芸能を好み、芸能の民として彼女達と親しく接している。

それが変化してきたのは鎌倉後期で、遊女達は軸足を売春に移していくように。次第に彼女達は、蔑視される存在となっていく……。

最高位にある帝や院が、身分の差を超えて芸能の民と交わりを持ったという事象は、興味深い。

『乱舞の中世 白拍子・乱拍子・猿楽』（沖本幸子、吉川弘文館）では、この時代を「乱れる中世」と表現している。

保元・平治の乱に始まる様々な戦乱が起こり、天皇制や宗教においても、新しい動きが見られたこの時代。即興的な舞である「乱舞」も、流行した。

本書によるとこの時代に人々は、リズムに乗ることの楽しさに目覚めたのだそう。そして貴族達もまたその楽しさを知り、夢中になった。自ら流行歌を歌い、のみならず遊女や傀儡子といった芸能の民達も、身分の上下にかかわらず共に楽しんだのだ。階級というものもまた、この時代に乱れだしたのかもしれない。

遊女と、貴族世界に生きる女房や女官は「親近性・互換性」を持つという説があると『中世の〈遊女〉』には記される。地方官の下向に同行したり、貴族等の愛人になるという点で共通点があるのだ、と。

確かに、両者は共に、この時代における希少な「働く女性」。男性に立ち混じる機会もあったのであり、そういった意味でも近い立場にあったのかもしれない。

しかし前述の通り、貴族女性は基本的には顔を見せず、歌い踊ることをしなかったのに対して、遊女は歌い踊り、宴席に侍ったりもしている。そこには、今で言う「素人」と「玄人」的な立場の違いがあった。

様々な制約を受ける〝素人〟さんである女房と比べて、〝玄人の〟遊女はあくまで自由そう。

売春を主たる生業《なりわい》とする前の遊女達は、思いの外生き生きとしていた。

❀

自分から遠い存在として、文楽や歌舞伎における遊女ものを好む私。同時に貴族でもない私は、反対のベクトルにいる遠い存在として、斎王のことも気になる。

斎王とは、伊勢神宮と賀茂神社に、天皇に代わって仕えた、未婚の内親王または王女のこと。伊勢に仕えたのが斎宮、賀茂に仕えたのが斎院と言われる。

『斎王研究の史的展開　伊勢斎宮と賀茂斎院の世界』（所京子、勉誠出版）によると、伊勢斎宮の制度が整えられたのは、天武天皇の頃。以降後醍醐天皇の時代に廃絶するまで、六百数十年間にわたって続いた。卜定《ぼくじょう》された内親王または王女が、数年から、長い場合は数十年にわたって、神に仕えたのだ。

平安文学においてもしばしば感じる、斎王の存在感。賀茂斎院では「和歌文芸サロンが形成され、これが和歌の興隆に寄与」していた。彼女達もまた、一種の「芸」の担い手だったのだ。

中でも私にとって印象的な存在は、平安時代に五十七年間もの長きにわたって斎院を務め、「大斎院」と呼ばれた、選子内親王である。選子のサロンは、文芸の面でも非常に優れていたらしい。中宮彰子の女房、すなわち彰子サロン所属であった紫式部も、選子サロンをライバル視している模様が日記からは見てとれる。

選子より前の時代の徽子内親王も、特異な人生を送っている。斎王退下後は独身を通すケースが多い中で、徽子は退下後に村上天皇と結婚。娘もまた斎宮に卜定され、娘と共に再び伊勢に下向したのだ。

そして紫式部は、徽子内親王の人生にも「これは」と思った模様。「斎宮となった娘と共に伊勢へ」という徽子の行動は、源氏物語における六条御息所のモデルとなった……。

未婚すなわち処女の女性が、卜定されたら最後、神に仕える身にならなくてはならないというのは、今で言うなら人権侵害である。しかしそこに「縛り」があると、ドラマが生まれるのもまた事実。上つかたであれ遊女であれ、制度やしがらみに縛られた女達のドラマを楽しむ自由を享受する自分の周囲にドラマが発生しないのもまた、当然なのだろう。

（２０１７年5月18日）

ピンポン、ものまね、股間

世界卓球選手権を毎日、テレビで見ている。選手の親のようにハラハラしてしまうので、音はオフ。そうなるとどこか手持ち無沙汰で、近くにあった本を開いてみたらそれが『ピンポン』（パク・ミンギュ著、斎藤真理子訳、白水社）だった。いや本当にわざとではなく、偶然に。

とはいえこの本は、私が卓球好きだからこそ求めたものである。韓国で多くの文学賞を得ているこの作家は私と同世代の模様。「人類史は卓球史だ！　いじめられている中学生男子が、人類の運命を決める！」という帯の文章を読んでも内容は想像がつかないのだが、とにかく卓球好きの心をくすぐる本ではある。

卓球は、文学の題材になりやすいスポーツではない。マラソンとか格闘技とか、人類が大昔から取り組んできたシンプルなスポーツの方が、物語性は明らかに高かろう。

漫画でも、卓球は題材にされにくい。松本大洋『ピンポン』という名作はあれど、イケてるイメージが薄いスポーツであるからこそ、松本氏はあえて題材としたのだろうし。

次第にイメージアップが図られる卓球だが、そのマイナー感は宿命的なもの。小説『ピンポン』もそのイメージ通り、二人のいじめられっ子がある日、原っぱに置かれた卓球台に出会って……というお話である。ピン・ポン・ピン・ポンとラリーが続くようになるうち、二人の世界は少しだけ変わってくるのだ。

とはいえこれは、いじめ克服の感動ストーリーではない。空から巨大なピンポン球が落ちてきて、原っぱに「着床」。世界は卓球界となって、二人は人類の代表として戦うことになり……。世界卓球の映像を横目で見ながら、不思議な卓球ストーリーを読んでいたら、卓球というスポーツの物語性に目覚めた気がした私。卓球は、一対一、もしくは二対二の人が向かい合うスポーツである。それもテニスの距離ほどよそよそしくなく、相撲ほどに馴れ馴れしくもない。相手の顔をはっきり見ながら、球を返すのが、卓球。その球には、愛も憎も込めることができるのだ。

いじめられっ子二人が通うのは、謎の外国人店主がいる卓球用具店、その名も「ラリー」。卓球の醍醐味は勝つことではなく、ラリーを続けること。それは相手との交情なのだ。

❀

清水ミチコさんがかつて、「ものまねをするのは基本的に好きな人。好きな人をまねるのはとても気持ちよい」といったことをおっしゃっていて、「そうか！」と思ったことがある。ものまねは揶揄ではない、愛なのだ、と。

清水ミチコさんをはじめ、ものまね芸が無性に好きな私。ものまねを見る快感とは何なのか、と思っていたら『〈ものまね〉の歴史　仏教・笑い・芸能』（石井公成、吉川弘文館）という本が出たので、もちろん読む。

プロローグでまず驚いたのは、歌舞伎の「見得《みえ》」とは仁王像のものまねである、ということ。仏像ものまねは、かつて大人気の芸だったのだそう。

仏像ものまねからもわかるように、ものまねは仏教とかかわりの深い芸であることを、本書は解き明かす。文献に残る最初のものまね芸は、推古天皇二十（六一二）年に百済から来た味摩之《みまし》が伝えた伎楽《ぎがく》。寺院で上演されたこの芸能には、既にものまね的要素が含まれていた。

今でいう形態模写のような芸や動物の真似といったものは人々におおいにうけ、寺院のみならず宮中でも楽しまれるように。鎌倉中期になると「物万禰《ものまね》」という言葉が登場し、独立した芸として認知されるようになった。

仏像ものまねのルーツとしては、平安期から、人が仏や菩薩に扮するという行事があったのだそう。今の世でも、ものまねされるのはスターの証だが、仏&菩薩という当時のスターと一体化したい、と平安人は思ったのだろう。

豊臣秀吉は、仮装・ものまね大会を開催。歌舞伎が人気になると役者のものまねが大流行し、ものまねによる芝居が本家の歌舞伎よりも人気になる、といった事例も。

ものまねの歴史を知るにつれ、日本人がいかにものまね好きであるかがわかるのだが、それは

「模倣が得意」という我が国民性と無関係ではないのだろう。「まなぶ」は「まねぶ」。まねることによって新たなオリジナリティーを生み出そうとする我々にとって、ものまねとは、せずにいられない芸なのではないか。

最後には、ものまね四天王から清水ミチコにまで言及される本書。著者は仏教を専門とする研究者だが、小さい頃からお笑いやものまねが大好きだったそうで、長じて後もものまね番組は「どんなに忙しい時期であっても必ず見た」。

そういえば清水ミチコさんが、「ウケたい＝受け入れられたい」なのだ、と書いていたことがあった。「受け入れられたい」という思いをやりとりするものまねとはやっぱり、愛の芸なのだなぁ。

❀

伎楽には「崑崙《こんろん》」という曲があり、それは「色の黒い『崑崙』が美女にほれこみ、大きなマラカタ（はりぼての男根）を誇示して叩きつつ言い寄ると、力士が登場し、マラカタに縄をかけて引いて打ち折る」というものだったそう。我々は古来、シモ関係の事象をカラッと笑ってきたのだ。

それが近代、美術の枠の中にシモを押し込めるようになってから、その手の事象の扱い方がややこしくなっている……と文章と画像で示すのは、『**せいきの大問題**』（木下直之、新潮社）。

この本は、サブタイトルが「新股間若衆」。二〇一二年に刊行された『股間若衆　男の裸は芸術か』の、リターンズである。『股間若衆』は、男の股間を絵画、彫刻等で表現する時に、日本人がいかに苦悩してきたかを明らかにした画期的な書。「股間若衆」が「古今和歌集」のもじりであることは言うだけヤボだが、念のため書き添えておく。

本書では、著者の視界は男性の股間から女性の股間にも広がっている。「股間風土記」「性地巡礼」といった目次を見るとふざけた本のようだが、日本各地に残る女性器、男性器の痕跡の数々は、古《いにしえ》より日本ではおおらかに性が愉しまれていたことを伝える。しかし明治になると、黒田清輝の裸婦画を展示する時、股部に布を巻くよう指示されたり、朝倉文夫の男性裸体彫刻の性器切断が官憲から命じられたりすることに。

以降、現在に至るまで、日本人の性器の取り扱い方は、迷走を続けている。永青文庫において本格的な春画展が開催されたのは、ようやく最近になってのことだった。

本書の最後には、ろくでなし子さんの事件について言及される。自身の性器を3Dスキャンしたデータが「わいせつ物」なのか、といったことが問題になったわけだが、東京地方裁判所に提出された「ろくでなし子裁判に対する意見書」が興味深い。

ろくでなし子さんの行為に対して、「猥褻な感じ、性的な興奮につながるような感情は起こりませんでした」と記す、著者。確かにろくでなし子さん、名前も名前だし、自身の性器型の「マンボート」で水に浮かんでみたり「まんことあそぼう！　よいこの科学まん個展」で「まん汁」

という名のとん汁をふるまったりと、その行為は決して猥褻ではなく、思わず笑ってしまう感じ。そしてそれは、日本人がずっと大切にしてきた性に対するおおらかな感覚と同じ……。

ろくでなし子さんの行為も、そしてせっせと股間を採集して、「股間東西」とか「股間話休題」などと見出しタイトルをつける著者の分泌、じゃなくて文筆活動も、エロくはない。それはひたすら、ウケるのだ。ウケたい、すなわち受け入れられたいからこそ人は、股間と股間ネタをいじくろうとするのであって、それをやっきになって取り締まる方が、よっぽどエロいのではないかと思った。

（2017年6月22日）

女帝の装い

選挙戦の只中である現在。昔と比べると女性候補は増えたとはいうものの、世界的に見ると、日本の女性国会議員の数は少ない。世界の女性議員の割合の平均が二三・六%であるのに対して、日本は九・三%。東アジアで比較しても、台湾、中国、韓国、北朝鮮に及ばないのだ。

日本の女性議員は、何故少ないのか。そのことを疑問に感じた政治学者が、東アジア全体を歴史的に見ることで解き明かそうとしたのが『〈女帝〉の日本史』(原武史、NHK出版新書)である。

女性が権力を持つべきではないとされていた儒教の影響が強い、東アジア。しかしそんな中でも古来、女性が政治に参加することはあった。中国では「垂簾聴政《すいれんちょうせい》」と言われる、即ち簾《すだれ》の後ろから女性が間接的に指示を下すという形が見られ、また武則天という女帝も誕生している。日本では、神功皇后という強い女性の存在が伝えられ、また、奈良時代までには女性天皇も珍しくない。

時代を追って様々な形で力を持つ女性の様子が本書には記されるのだが、共通しているのは「おおっぴらにではなく」というところ、そして「母として」というところ。

平安時代になると、年若い男性の天皇が擁立されるようになり、外戚の男性が摂政となる摂関政治に。幼帝と同居する母親が、天皇の「母」としての存在感を発揮するようになる。武家社会へと移行すると、将軍などの「母」が力を持つと同時に、後家の力も増す。北条政子が尼将軍といわれるほどの存在となったのは、夫亡き後は妻が強い母権で一家の長となる時代となっていたから。

母としての権力が封じられるのは、江戸時代だった。将軍の妻妾が権力を持つことがないよう操作され、後家の権力も失われる。

女性の力が失われる傾向は、明治になるとさらに顕著になった。軍事的指導者としての天皇の「男性化」に合わせ、皇后の「女性化」も進められる。「政治に口出しせず、天皇を陰で支えるパートナー」としての皇后像が強められたのだ。

そこで期待されるのは、国や国民のために「祈る」主体としての皇后像である。祈りという皇后の役割は、今も続いていよう。

そんな皇后に対して国民は「母」を求めている、と著者は記す。女性の力は、他者のために祈る慈悲深い母像にのみ押し込められている、と。女性の政治参加が認められた戦後、七十年が経っても女性が権力から遠ざかるのは、そのせいではないかという指摘に深くうなずくと同時に、歴史の中で培われてきた女性の立場を変えていくことの難しさも痛感した。

❀

院政期から、女の価値の低下が見られることを指摘するのは、『女系図でみる驚きの日本史』（大塚ひかり、新潮新書）。天皇の母方が力を持った摂関期から院政期となると、院すなわち天皇の父方が力を持つようになったのだ。

摂関期は、父親は同じでも、生まれた「腹」の違いで子供の運命に大きな違いが生じた。母親の身分が低いと「劣り腹」から生まれたとされ、出世の決め手も「母方」。平安貴族にとって、娘は家の隆盛を左右する存在だったのだ。

系図作りが大好きな著者。本書は母方でたどる「女系図」からは、歴史が違って見えることを教えてくれる。

豪華な女系図を作ることができる摂関期に比べ、徳川歴代将軍の妻妾は高貴な出自の人が少ないため、女系図を作ることができないという記述は、興味深い。外戚が強い力を持たないように、妻妾が選ばれているのだ。

時の権力者が、正妻から生まれたか否かを調べた「正妻腹率」もまた、女性が権力から遠ざかる様を示す。平安時代の摂関は七七％が正妻腹だが、鎌倉時代の将軍、執権、室町時代の将軍と次第にその数字が下がり、江戸時代の将軍に至っては二〇％。それは母方の重要性、女の影響力や地位の低下を示す、画期的な数字である。

母としての力を生かすことができた平安期までの女性と、その力を奪われていった院政期以降の女性達。そして今、「○児の母」ということを看板とする女性政治家も存在するものの、それは母親として権力をふるうことではないわけで、その意味で我々は今も、徳川体制と同じ流れの上にいるのかもしれない。

❀

イギリスのヴィクトリア女王は、六十年以上の長きにわたり王位にあった。イギリスの近代化が一気に進んだこの時代は、ヴィクトリア朝と言われる。

写真技術もこの時代に登場したため、女王は歴史上初めて、写真に写された王となった。『図説　ヴィクトリア女王　英国の近代化をなしとげた女帝』（デボラ・ジャッフェ著、二木かおる訳、原書房）のような本ができるのも、だからこそ。女王が家族とともに写真に写されることによって、王族は庶民から憧れられる存在となった様子がよくわかる。

女王は九人もの子供を産み、その子供達がヨーロッパ各地の王族と結婚することによって、ヨーロッパ王室を支配した。彼女もまた、母としての力を駆使したのだ。

同時に彼女は、国民からも母のように慕われる。「安心と安全を感じさせてくれる」偉大な母だったのだ。

女性が権力を持つ時、やはり「母」のイメージは欠かせないものだったのだろう。それほどの存在でありながら、「女性は男性に従うべき」と信じ、夫のことは日本風に言うならば常に「立て」ていた女王。ビジュアルの時代であったからこそ、女王という華やかな存在が有効に機能したのだろうが、同時に彼女は、女性がトップに立つ時の苦悩も感じさせる存在である。

❀

日本において今、トップを狙う女性と言えば、小池百合子。彼女は妻でも母でもないという部分で、日本の歴代女性権力者とはずいぶん毛色が違う。有力者の妻となって子供を産むことによって権力を得るのでなく、自分の才覚によってのみ、上に行こうとしている。もちろん、誰かを「立てる」必要もない。

彼女について様々な書籍が出版されているが、『小池百合子写真集 YURiKO KOiKE 1992–2017』(鴨志田孝一、双葉社)、『小池百合子式 着こなしの黄金ルール 大人女性が華やかスリムに装うための15か条』(百合子スタイル研究会編、軍地彩弓監修、扶桑社)といったビジュアル本が存在するのは、他の女性政治家や男性政治家と異なるところだろう。中でも後者は、五十代以上の働く女性には、結構参考になる本かも。

どう装うかは、その人が自分をどう見せたいかの現れ。『着こなしの黄金ルール』にある、「女性政治家ファッション分析」が、面白かった。女っぽさが高い右派と、女っぽさが低い左派に分け、片山さつきや稲田朋美は「女っぽすぎ」の極右。かつて女性議員によくいた、スナックのママ風の派手な原色スーツというのも、右派に入ろう。

そしてかつてなら、市川房枝や土井たか子が配されたのだろうが、今はメルケルや朴槿恵が「地味すぎ」極左。蓮舫も「威嚇的」「女らしさを抑圧」と左寄りファッションに分類される。

そんな中で百合子ファッションは、右でも左でもない真ん中辺に位置づけられている。確かにこの本で彼女の着こなしの数々を見ていると、かっちりしたジャケットにふんわりしたスカーフを合わせたり、デコルテを上手に見せたりと、女性性の出し方が巧みなのだ。

自党の政策を説明するのに、「自民党は右に寄り過ぎで、革新政党は左に寄りすぎ。希望の党は、ゴルフで言うならフェアウェイを行きます！」といったことを訴えていた百合子。政策については微妙だが、こと服装に関しては、うまく中道を行っているようだ。

女性のあり方については徳川体制がなお続く今の世の中で、今までに無いタイプの女性トップとして、彼女が君臨することがあるのかどうか。今後の服装と生き方にも、注目していきたいものである。

（2017年10月26日）

巨乳と制服

クリスマスのイルミネーションが街を彩る季節となった。ハロウィンにはさほどグッとこないが、クリスマスのキラキラには胸が躍るのは、バブル世代のせいなのか。……と、『**愛と狂瀾のメリークリスマス**』（堀井憲一郎、講談社現代新書）を読みつつ、思っていた私。サブタイトルには「なぜ異教徒の祭典が日本化したのか」とあるが、ハロウィンがあっという間に「日本化」した昨今、クリスマスの日本化の経緯は、気になるところである。

丹念に資料にあたりつつ、「1549年のキリスト教伝来以来の〝降誕祭〟の様子を細かく辿っていく」本書。キリスト教が禁止されていた江戸時代までは、こっそり、ひっそりとキリスト生誕は祝われていた。

興味深いのは、明治以降。明治初期には、すでに築地居留地でクリスマスが祝われており、それは「神田明神の祭礼のような気持ちで」行われ、サンタクロースは裃《かみしも》をつけていたそうな。

明治期から始まっていた、クリスマスの日本風の受容。著者は、「八百万《やおよろず》の神の中に、この異教の神を取り込んだ」と見る。日本のクリスマスとは、「キリスト教から宗教部分をぬくと、何が残るのか」に対する回答。西洋の文化を取り入れる一方、日本らしさを堅持しようともするせめぎ合いの中で確立したのが、宗教感ゼロの、日本のクリスマスだった。

昭和初期、クリスマスの夜の街において、日本人は馬鹿騒ぎを繰り広げていた。昭和六年からの三年間こそが、「日本クリスマス史上もっとも狂瀾的に騒いでいた時期」と、著者は断言。第二次世界大戦によってその騒ぎは途絶えたが、敗戦後に〝狂瀾〟は復活する。キャバレー等で男性が大騒ぎする日となるのだが、一九七〇年代から、クリスマスの主体として若者が登場し、様相は一変。クリスマスはカップルが愛を語る日、女を喜ばせる日となるのだ。

時代によって転々と変化するクリスマスを、著者は「日本社会の玩具」と記す。二〇一〇年代ともなれば、若者達がクリスマスの「ロマンチック戦線から離脱」。恋人がいなくても楽しむことができるハロウィンが盛り上がるのも時代の流れなのであり、日本人の玩具・クリスマスがこの先どこに漂着するのか、気になるところである。

❀

日本クリスマス史を振り返ってみた流れで、今回は「日本史には決して取り上げられない事物の歴史」について、見ていきたい。クリスマスと同様、日本の成人男性にとって玩具のような存在であるおっぱい、それも巨乳の歴史を掘り下げたのは、『**巨乳の誕生　大きなおっぱいはどう**

呼ばれてきたのか』（安田理央、太田出版）。

巨乳は、日本においてずっと愛玩され続けていたわけではない。江戸時代、おっぱいがさほどエロティックな存在ではなかったことは、春画等を見てもわかる通り。おっぱいが顔の延長だったから。着衣のままでまぐわうことが多かったから。……といった理由がそこにはあるようだ。

豊満なおっぱいに対する男性の無邪気な喜びの萌芽は一九五〇年代後半から見られるのであり、その頃には「グラマー」という言葉が大流行。六〇年代になって、大橋巨泉が朝丘雪路の胸を「ボイン」と評したのが、日本で初めての、大きな胸に対する特定の表現と言えそうである。

しかし七〇年代になると、華奢な体型の方がおしゃれに見えるようになり、ボインの地位は失墜。八〇年代も、ＡＶ業界では胸の大きな女優は人気を得ることができなかったのだそう。

アダルトメディアの研究家である著者は、一九八二年に発売された初の巨乳ＡＶ『恵子　バスト90桃色乳首』以降の巨乳ＡＶの変遷を、詳しく紐解いていく。「巨乳」という言葉が無かった時代、大きな胸は「Ｄカップ」と称されていたこと。巨乳ＡＶ女優・松坂季実子が与えた衝撃……。「巨乳」という言葉が初めて使用されたのは、彼女を評する文章の中で、という説があるそうだが、してみると巨乳の歴史は、意外と浅い。

巨乳ブームは現在まで続き、今やＤカップなど小さい方。江戸時代、日本人にとってエロくも何ともないものだった巨乳は、様々な歴史を経て今、女体の中で燦然と輝く巨星となった。

おっぱいもまた、時代とともに流れゆく存在である。それは女性にとって、自分のものでありながら、時に異性の、時に子供のものになるという特異な部位。他人からの興味が失われた時、それは初めて女性のもとに戻ってくるのだろう。

❀

最近の女子高生は、皆同じに見える。これは、「ジャニーズアイドルが皆同じに見える」的な、老化現象の一種かとも思うが、昔と比べると今の女子高生の姿は、均一化している気がしてならない。

コギャルブームの頃は、ガングロやルーズソックスなど、個性的な外見の女子高生がいたし、八〇年代までさかのぼれば、おしゃれ系女子高生はスカートを腰で折ってミニスカ化させていた一方で、スケバン達は地に着くほどスカートを伸ばしていたということで、個人差が激しかった。対して今は、皆同じような制服、同じようなスカート丈……。

そんな女子高生の制服事情を振り返るのが、『女子高生　制服路上観察』(佐野勝彦、光文社新書)。タイトルだけ見ると、制服好きのおたく系の本かと思うが、著者は制服メーカーで長年、中高生の制服研究に従事した人である。女子高生達は、制服に何を望んでいるのか。なぜ、きちんと着ずに着崩すのか。そして「なんちゃって制服」の存在理由は。……と、あくまで大真面目に調べている。

女子高生にとって大切なのは、「膝」。膝を見せるか否かで、女子高生らしい若さや元気をアピールできるかが決まる。

しかし神戸っ子は、その感覚に反旗をひるがえす。東京の真似をすることが神戸では格好悪いということになっているから、スカート丈も長めだというその感覚は、かえって新鮮である。

全体を見れば、膝を見せる丈のスカートが主流を占める、今の女子高生制服界。膝上丈がもはや社会常識ということであり、無理に長いスカートをはかせようとしない動きもあるのだった。

制服は、着る主体が何かに縛られた存在であることを物語る衣服である。昔の女子高生は、縛りから逃れようともがき、もがく様が個性となった。高校生の制服の歴史は、もがきすなわち着崩しの歴史と言ってもいいだろう。

しかし今、女子高生達は縛りを利用して、自分をより良く見せようとしている。縛る側は縛られる側の顔色をうかがっているし、縛られる側は、むしろ喜んで縛られているように見えるのであり、女子高生が皆同じに見えるのは、そのせいなのかもしれない。

❀

若さをアピールするために欠かせないものが女子高生の制服であり、だからこそ私服の学校にも「なんちゃって制服」は欠かせない。今の若者にとって、自由はかえって負担なのかも。

『おらおらでひとりいぐも』(若竹千佐子、河出書房新社)の主人公である「おら」こと桃子さんは七十四歳だが、彼女もまた、自由に戸惑っている。夫に先立たれ、子供達とは疎遠になった桃子さんは、いわゆる独居老人。

桃子さんはずっと、夫や子供といった他者のために生きてきた。だからこそ、あり余る一人の自由な時間に、呆然とする。そんな中で、自身の来し方を振り返って思う故郷とのつながりや、家族との関係性。夫の墓へと行く道のりは、彼女の人生をさかのぼる旅でもあった。

六十三歳で文藝賞を受賞した著者のデビュー作である本作。他者に所有されること、他者に所属することから離れた女性の中で渾然となった戸惑いと解放感が、見事に描かれている。

(2017年12月7日)

東京の変わり方、農村の変わり方

総武線に乗っていたら、
「オリンピック見る！」
と、子供が声をあげた。千駄ケ谷近辺の車窓から見えるのは、建築中の新国立競技場。その子にとってはこの建物こそが「オリンピック」なのであり、彼は窓にへばりついて「オリンピック」を眺めていた。

オリンピックのムードがそこはかとなく感じられる昨今だが、しかしそれは一九六四年の東京オリンピックの時とは全く違うのだろう。最初のオリンピックを前にした東京は、どのような雰囲気だったのか。ずっしりと厚い『ふたつのオリンピック　東京1964／2020』(ロバート・ホワイティング著、玉木正之訳、KADOKAWA)を、手に取る。

一九六二年に、著者がアメリカ空軍の軍人として初めて東京に来た時、東京は騒音の中にあった。二年後にオリンピックを控え、東京は大改造の最中。人口は増え続け、街は常に沸き立っていた。それは、「史上最も偉大な〝都市の変貌〟」だった。

そんな中で著者は軍を辞め、日本で生活を始める。時に渡邉恒雄に英会話を教え、時にアンダーグラウンドの人々との接触を持ち、日本女性と結婚し……という日々を送り、ベストセラーとなった『菊とバット　プロ野球に見るニッポンスタイル』を記したことをきっかけに、作家の道へ。清濁様々な出来事を経験しつつ現在に至るという、自伝的一冊となっている。

東京で二度目のオリンピックを迎えようとしている、著者。その間の五十年余、変化を続ける東京そして日本を、著者がどう見てきたのかは、「日本は外国からどう見られているのか」をやたらと気にしている今の日本人にとって、興味深いところだろう。

二度目のオリンピックまでの五十年余の間に、日本と日本人の「見られ方」は、果たして変わったのだろうか。本書を読むと、それは東京の変化ほど大きなものではない気がするのだった。

❀

ホワイティング氏の初来日の六年前、やはりアメリカ軍属として日本に初めてやってきたのは、『秘蔵カラー写真で味わう60年前の東京・日本』（光文社新書）の著者である、J・ウォーリー・ヒギンズ氏。日本女性と結婚し、その後も日本に住み続けるという経歴も、ホワイティング氏と共通している。

ホワイティング氏が最初、野球という窓を通じて日本の内奥に触れたのだとしたら、ヒギンズ氏の窓は鉄道だった。氏は鉄道ファン、細かく言うなら「撮り鉄」だったのだ。

軍に所属していたからこそ豊富に手に入ったコダックのカラーフィルムで、鉄道を中心とした多くの写真を撮影していたヒギンズ氏。本書には六十年前の日本各地の写真が収められる。

まず驚いたのは、カラー写真の色鮮やかさだった。まるで今の写真を見ているかのようで、六十年前の日本を実感することができる。コダック、すごいなぁ……。

常磐線を走る、蒸気機関車。首都高が覆いかぶさっていない、日本橋。日本の津々浦々を走る、路面電車。今の我々が想像することができなくなっている日本の姿が、そこにはあった。

軍属の傍ら、国鉄顧問も務めたヒギンズ氏。屋久島の写真もあるのだが、それは切り出した屋久杉を山から下ろすためのトロッコ用軌道を撮りに行ったとのことで、鉄道が好きでたまらない様子が、伝わってくる。

常に大規模な工事が続いている東京のことを、氏は「それが東京という街なんだ」と記す。変化が激しすぎて、昔のことをどんどん忘れていく私達にとって、鮮明なカラー写真の数々は、貴重な記録である。

❀

『60年前の東京・日本』は、日本が変化していくスピードには、ムラがあったことを伝える。たとえば鉄道網に比べると、道路の整備は遅れていたり、日本の中でも、地域によって開発の具合に差があったり。

氏は農村風景も撮っているが、「鉄道などの技術の進歩に比べると、農業の変化はゆっくり」だと感じたのだそう。機械化された農業の国の人から見ると、日本の農業は「ガーデニングに近い」とも。

細かな作業を、せっせと人力で行わなくてはならない。……そんな日本の農業の犠牲になっていたのは女性達であったことを伝えるのが、『農家女性の戦後史　日本農業新聞「女の階段」の五十年』（姉歯暁、こぶし書房）。

日本農業新聞に、女性向け投稿欄「女の階段」が登場したのは、一九六七年のこと。それから五十年間の日本農業の歩みを、様々な投稿とともに振り返る。

一九六七年といえば、戦争が終わってから二十年以上が経っているが、農家においては依然、強い家父長制が残っていた。熱心な投稿者の多くは、明治生まれの舅・姑に仕え、戦後生まれの嫁に挟まれるという「サンドイッチ世代」として、ひずみに苦しんでいる。

農家の舅・姑は、無償の労働力として嫁を捉えていた。嫁には現金が与えられないため、子供に学用品を買ってやることもできない。運動会や学芸会が近づくと、子供のために母親が万引きをするという事態が、どこの農村でも見られたとのこと。また臨月でも雨の日でも「休みたい」と言うことができず、本や新聞を読む時間もない。舅・姑が老いれば、介護の重荷も一身に引き受ける……。

農家の嫁達は、自分の欲求を口に出さずに、自己を犠牲にし続けた。家庭内で欲求や意見を口にできないのはもちろん、地元の人々の前でも話すことができなかったのは、ムラ社会において平穏に生きていこうとするならば、やたらなことは話せないから。

「女の階段」は、そんな女性達の唯一のはけ口となっていたようだ。読者達による「回覧ノート」のシステムができると、家族にも地元の人にも話すことができない思いの丈が、ノートに記されるように。ノートの到来がどんなに楽しみだったかを、読者達は語る。

ホワイティング氏が来日した頃、東京はオリンピック前の大改造の時期にあったわけだが、その時に実際に働いていたのは、出稼ぎに来ていた農家の男性達だった。オリンピック前が出稼ぎのピークであり、夫が不在の間、農作業は嫁に任され、のみならず育児や介護といった負担ものしかかったのだ。

変わり続ける東京の背後には、変化の速度が遅い農村が控えて、東京を支えた。農家の女性達が置かれた状況も、戦後の農業の変遷も、全く知らなかったということを知らされる一冊。

❀

若い頃、「東京オリンピックを知らない」と言うと、大人から驚かれた。オリンピックの二年後には生まれているのだけれど、家族の中でもオリンピックの話は特にされず、記憶は引き継がれなかったのだ。

自分が体験していないことは、たとえ地元のことでも家族のことでも、人は案外知らないもの。「知っている人」は、「知らない人」に対して、そうそう自分からは体験を話さない。

『家《チベ》の歴史を書く』（朴沙羅、筑摩書房）は、在日コリアン二世の父を持つ社会学者の著者が、父のきょうだい達から話を聞き、朴家が日本にやってきた事情、そしてやってくる前と後のことを明らかにしていく書。

人から話を聞くという作業を、著者は丁寧に進めていく。歴史的事実と、個人史とがどのように重なり、また重ならないのかを、慎重に見極めるのだ。

そんな作業によって見えてくるのは、人の記憶と歴史的事実は、必ずしもリンクしないこと。差別の受け止め方も、される側の立場によって変わってくること。そして在日コリアンが日本に住むに至る経緯は、日本人にとっては歴史の中の空白であっても、そこには濃密な時が詰まっているということ。

変化を続ける日本の中で、過去を知ることは、簡単ではない。自分につながる過去と取り組む、著者の真摯な姿勢が光った。

（２０１８年11月15日）

「色々」は大変だ

夏、それは脱毛の季節。抜くだの剃るだのといった行為に没頭していると、「自分は生涯でどれほど膨大な時間を無駄毛処理に費やすのか」と思えてくる。

自分でちまちま脱毛する我々に対し、今の若者は永久脱毛が常識。永久脱毛は歯列矯正と同様の「たしなみ」となったのだ。

そもそもなぜ、「無駄」な毛が、はえるのか。人はいつから、体毛を毛嫌いするようになったのか。……ということが気になり、『**脱毛の歴史　ムダ毛をめぐる社会・性・文化**』(レベッカ・M・ハージグ著、飯原裕美訳、東京堂出版)を手に取った。

十六世紀頃から、自家製脱毛剤を作っていた、ヨーロッパの人々。十九世紀になると市販の品も登場するが、それらはしばしば健康に害をもたらした。

とはいえ脱毛への欲求は一部の人々のものであったのが、「進化論、特にチャールズ・ダーウィンの『人間の由来』(一八七一年)が普及した」ことが、脱毛意識に変革をもたらす。体毛は「原始的」というイメージが生まれたのだ。二十世紀に入る頃には、毛深いことは「性的・精神的な面で平均から外れ、逸脱行動を起こす兆候」として捉えられるようになる。

同じ頃、女性の地位向上を目指すアメリカの女性達は「性的に倒錯」していて、「それゆえに体毛も多い」とされた。

女性の立場が変化し、自分の身体についても、着るものについても「自分で決める」という意識が強くなるにつれ、女性の肌の露出は増え、脱毛の必要性は増すように。腋毛を脱毛する女性も、急速に増加する。電流やX線（！）を使用した脱毛など、危険な手段も使われるようになったのであり、個人で手軽に無駄毛処理ができるようになったのは、T字型カミソリが普及してからのことである。

一九七〇年代のフェミニズムの時代には、体毛を処理しない女性は政治的に過激、というイメージもつきまとう。自分の身体を自分の自由に扱うということ。体毛の有無によって、イメージが固定化されてしまうこと。……無駄毛という存在の前で、女性のあり方は揺れていた。

その状況は、今も変わっていない。脱毛すべき範囲は、今や生殖器周辺まで広がり、毛との戦い、そして「毛があること」によるイメージの固定との戦いは、今後ますます厳しいものになりそう。今時の若者じゃなくてよかった……。

❀

日本人の毛は黒く、毛の色が薄い白人と比べると、体毛が目立つ。黒々とした毛だからこそ、放置することによって醸し出される野性味も際立つのであり、世界で最も脱毛に苦労しているのは、日本人ではないか。

『黒の服飾史』（徳井淑子、河出書房新社）の中に、「毛深さ」はヨーロッパではかつて、「色黒」と並んで、メランコリー気質を表現する特徴でもあったと記されていた。身体上での「黒さ」が、メランコリーを表現した時代があったのだ。

「毛深さ」や「色黒」は今、メランコリーというより、強い生命力を持つイメージが抱かれがちである。このように「黒」という色のイメージは、単一ではないのであり、ヨーロッパの服飾史において「黒」が表してきた様々な意味の変遷を、本書は紐解いていく。

ヨーロッパで初めて黒が流行したのは、十五世紀とのこと。その背景には、「悲しみ」という感情の捉えかたの変化があった。中世の道徳観では、「悲しみ」は「避けるべき悪徳」という、「倫理」として考えられていた。それが次第に「感情」として捉えられるようになり、悲しみの美しさを人々が感じるようになったからこそ、黒いモードが流行ったのではないか、と著者は説く。

ハッとしたのは、ヨーロッパの人は基本的に「色に禁欲的」であり、多色使いを忌避する、という指摘。今に続くその感覚の源は中世から見られ、色を「堕落のしるし」として、また物事の「表層」として捉える傾向があったというのだ。

そのような感覚が無い日本において、街の色がガチャガチャと眩しくなりがちなのも、納得できる気が。そして、男は黒っぽい服で女の服はカラフルという感覚の根っこも、どうやらそのあたりにつながっている模様。黒の歴史を知ることは、色について知ることでもあった。

❀

カラフルであること。それは今の世において、様々な場面において望まれている。ゲイのシンボルカラーはレインボーだというが、「色々」を求める機運が、高まっているのだ。

しかし「色々」であること、つまりは多様性を求める声が強くなればなるほど、反対の声も強くなってくる。そして多様性を受け入れることは、口で言うほど簡単でもない。

『ザ・ディスプレイスト』(ヴィエト・タン・ウェン編、山田文訳、ポプラ社)の副題は、「難民作家18人の自分と家族の物語」。一九七五年のサイゴン陥落時、四歳でベトナムからアメリカへ移り住んだ作家が、編者を務める。

アフガニスタン、メキシコ、イラン。……様々な国を脱出して向かうのは、主にアメリカ、もしくはカナダやヨーロッパの国。「ディスプレイスト」とは「難民」の意味であり、「place」を失った人々のことを示す。

生まれた国から逃れ、他の国に住むようになっても、そこはゴールではない。自分の国を失った悲しみ、移住先で受け入れられない悲しみ。「難」を逃れた後にも、異なる「難」は続くのだ。

世界的に排外主義が強まっている中で、「場所を追われた者」である難民作家が、自分が何者であるかを追求して表現することの重要性は高まっている。国を失ったことがなく、また難民を積極的に受け入れていない日本に住む身にとって、この本に記されている悲しみの数々は、身近にあるものではない。そして、そんな自分が、「色々な人がいることを認めましょう」などと言いながら、「色々な人達」を排除する側に立つのはいとも簡単であることを、この本は示唆するのだった。

❀

『ぼくはイエローでホワイトで、ちょっとブルー』（ブレイディみかこ、新潮社）の著者は、イギリスのブライトンに住む女性。夫はアイルランド人で、息子は思春期の入り口に。本のタイトルは、その息子が走り書きしていた言葉である。

中学生になった息子は、通っていた小学校とつながっているランキング上位の中学でなく、ひょんなきっかけから、著者が「元底辺校」と呼ぶ中学へ進む。元底辺校は、白人労働者層の子供が多いために、生徒はほとんど白人。上位校の方が移民の子が多く、「人種の多様性があるのは優秀でリッチな学校」という、「多様性格差」が、昨今のイギリスの田舎町では進んでいるのだそう。

白人がほとんどの中学で、アジア系の生徒として生きる「息子」は、充実した日々を送りつつも、クールに世間を眺めている。人種、階級、経済力。様々な「差」の中で生きていくのは、息子のみならず親の方も大変で、著者もまた、「差」に潜む地雷を踏むことがあるのだった。

「マルチカルチュラルな社会で生きることは、ときとしてクラゲがぷかぷか浮いている海を泳ぐことに似ている」

という著者の実感は、日本人に「多様性を引き受ける覚悟」が本当にあるのか否かを問いかける。カラフルな状態を忌避してきたヨーロッパの人々が、多くの摩擦とともにカラフル化していく中で、

「多様性は、うんざりするほど大変だし、めんどくさいけど、無知を減らすからいいことなんだと母ちゃんは思う」

と、息子に語る母。「色々」という言葉の裏にある面倒臭さを私達はまだ知らない、ということを、その言葉から知った。

（２０１９年８月８日）

人の平等、種の平等

すいていそうな時を狙って、京都へ。コロナ前であれば、バベルの塔並みに様々な言語が飛び交っていた地も人が少なく、「京都ってこんな場所だったのか」と思わされた。

『京都・六曜社三代記　喫茶の一族』（樺山聡、京阪神エルマガジン社）を、六曜社ではない喫茶店で読む。コーヒーの都でもある京都には、老舗喫茶店から今風のカフェまで、様々な店が揃う。人と人とが交差する場としての喫茶店を、都市住民は求め続けてきたのだろう。

賑やかな河原町通にある老舗の喫茶店が、六曜社。創業者である奥野實が、満州で珈琲を供する屋台「小さな喫茶店」を出していた頃の話から、本書は始まる。妻となる女性と満州で出会い、日本に引き揚げてきた後、奥野は一九五〇年に故郷の京都で喫茶店を開いた。やがて三人の息子達がそれぞれのやり方で店を手伝い、現在は孫が中心となって店を営む。……という奥野家三代の歴史を読み進めば、頭の中では朝ドラの映像が浮かぶかのよう。六曜社という喫茶店から覗く、昭和史を読んでいるかのようでもある。

同時に本書は、京都の喫茶店史でもあるのだった。イノダコーヒ、フランソア、前田珈琲といった京都の名だたる喫茶店のあり方は、それぞれの店の人格のようなものを物語る。店同士が時には助け合ったりもしつつ、京都のコーヒー文化は発達してきたのだ。

喫茶店の経営は、楽ではない。それでも奥野家の人々が店を守るのは、喫茶店が街で担う役割の大切さを知っているからなのだろう。学生であれ大学教授であれ、また有名人であれ一般人であれ、コーヒーの前では皆平等。喫茶店の中には、最も都会らしい空気が流れている。

❀

『荷を引く獣たち』（スナウラ・テイラー著、今津有梨訳、洛北出版）の、「動物の解放と障害者の解放」とのサブタイトルが気になって、手に取った。

私は動物園が苦手なのだが、その理由は「人間は他の動物よりも偉い」という感覚が、あまりに露骨に表れている場所だから。

本当に人間は、他の動物を閉じ込めたり繁殖させたり殺したりすることが許された種なのだろうか。人間は知能が高いからその手のことが許されるのなら、人よりも知能の高い生物がどこかから登場したら、人もまた他の動物と同様の扱いを甘んじて受けることになろう。……という、自分の心の底に沈む思いを、この本は大きく攪拌した。

著者は、軍の基地による汚染のせいで先天性多発性関節拘縮症を持って生まれ、車椅子で生活するアメリカ人女性。画家、作家である他に、障害者運動と動物の権利運動にも携わっている。彼女は子供の頃から「猿みたいに歩く」「犬みたいに食べる」などと言われ続けてきたが、それを侮辱としてではなく、単なる事実として捉えていた。そんな中で、障害者に対する健常者の視線と、動物に対する人間の視線との間に、多くの関連性を見て取るようになる。健常者達にとってはごく当たり前の「健常者中心主義」は、「人間以外の動物と障害者の双方の生と経験を、価値が劣り処分可能なものとして処遇するシステムを構築できるようにしている」と。

健常者は障害者が持つ障害を、憐れむべきもの、治癒すべきものとして捉えているが、彼女はその視線にも異を唱える。健常者が自分達のものさしで障害者を測っていることに対して、警鐘を鳴らすのだ。

障害者には障害者のものさしがあり、それはどのような身体を持つかで千差万別。同じように、動物もそれぞれ全く異なるものさしを持つのであり、人間のものさしで測って「劣っている」「遅れている」とするべきではないという彼女の感覚に、ハッとさせられた。

著者は自身の障害を通して、様々な差異にまたがる「共感と連帯の可能性」を見る。その視線は、種の違いをも超えて注がれるのであり、ベースにあるのは、「わたしたちは皆、動物だ」

という意識。

人が皆、本当は知っているのに蓋をしているその意識を、彼女は堂々と露呈させている。健常な人間をヒエラルキーの上に置くのであれば、さらに微細に見た時、その頂点にいるのは白人の男性。健常者を中心にして世界の全てを見ている限り、人間の世界に存在する様々な差別も、消えることはないのだろう。

❀

『荷を引く獣たち』の著者は、もし健常者になることができる薬があったとしても、それを飲むことはしないだろうと考えているが、**『目の見えない私がヘレン・ケラーにつづる怒りと愛をこめた一方的な手紙』**（ジョージナ・クリーグ著、中山ゆかり訳、フィルムアート社）の著者もまた、同意見のようだ。目の見えない著者もまた、自分を他人のものさしで測られる必要は無いと思っている。見えない人は見えない人ならではの感覚を持っている。そのものさしで健常者を測ったならば、我々は「健」でも「常」でもないに違いない。

作家で英語講師の著者は、「なぜ、ヘレン・ケラーのようにできないの？」と比べられ続けることによって、彼女を憎み続けながら成長してきた。盲目の人のみならず全ての障害者の人々にとって、目指すべき偉人として輝き続けるヘレン・ケラー像を、著者が手紙の形をとって再構築していくのが本書。子供の頃の盗作疑惑や性愛の問題等、従来の伝記においては深掘りされなかった事象についても、大胆に探っていく。

本書の根本にあるのは、ヘレン・ケラーがサリバン先生によって「water」との言葉を獲得したことの意味に対する疑問なのではないかと私は思う。「water」ではなく、ヘレン・ケラーが表そうとしていたのは、

「もっと大きく、もっと複雑な何かを、重さや形や実体のない無重力の感覚のこと」

だったと、著者は書く。「言葉」は、ヘレン・ケラーと世界を繋ぐミッシング・リンクになった。けれど、健常者にとってのものさしである「言葉」によってヘレン・ケラーの内面が説明されたために、表出される可能性を失った豊かな世界が存在していたということを、この本は読者に示唆する。

それでもヘレン・ケラーは言葉をおおいに活用して生き、

「人間であるためには、色々なあり方があります」

と世界に伝えた。それは当たり前のことのように聞こえるが「画期的なこと」。今も「多様性」という言葉が世界で新鮮に語られているところを見ると、「色々なあり方がある」ということを理解するのがいかに難しいことかが、伝わってくる。

中途半端に古いベストセラーを読み直し、「名作度」「使える度」の判定をした『中古典のすすめ』（斎藤美奈子、紀伊國屋書店）が面白い。一九六〇年代から九〇年代までの幅広いジャンルの本が取り上げられているが、小松左京『日本沈没』、田中康夫『なんとなく、クリスタル』、林真理子『ルンルンを買っておうちに帰ろう』といった、自分にとっての懐メロならぬ懐本のタイトルに、目頭が熱く……。

ベストセラーの流れは、当時の世情を浮き上がらせる。知識人と大衆、男と女など、昭和の頃までの日本では、様々な上下関係が当たり前に存在していたことも、懐本達は思い起こさせるのだ。

❀

そんな中で、黒柳徹子『窓ぎわのトットちゃん』は、今で言う多様性を重視する環境で、「色々なあり方」で生きる子供達のお話。勝手に決められたものさしで測られることに対する違和感を覚えていた人が当時からいかに多かったかを、トットちゃんの尋常ではない販売部数は物語っているのかもしれない。

（2020年10月15日）

「イエ」と故郷

安倍晋三元首相が暗殺された直後の参議院選挙で、自民党が圧勝。そんなタイミングで『自民党の女性認識　「イエ中心主義」の政治指向』（安藤優子、明石書店）を読んだ。

著者はキャスターとして活躍しているさなか、自身の発する言葉への学問的裏付けを求めて大学院に入学し、十二年かけて博士号を取得。本書は、その博士論文をベースとしている。

「イエ中心主義」は、著者の造語。長きにわたって政権を保持し続ける自民党のあり方と、その集票システムとを、イエ型のタテ構造に当てはめて解説する。

家父長を頂点とし、他の家族が従属していた、かつての日本の「イエ」。同様に、強い力を持つトップを戴く派閥の連合体が、自民党である。さらには地方支部、個人後援会へと下部組織が連なるタテ型の組織が、党に票をもたらす仕組みとなっている。

当然ながら自民党の家族観にも、タテ型組織への愛着は表れる。本書では、五五年体制以降の自民党が西欧型の「行き過ぎた」個人主義への危機感を覚え、集団主義的な家族観を強めていく過程を詳述する。

なぜ、国会のみならず地方議会に至るまで、女性議員の数は少ないのか。なぜ、派閥や世襲議員といった事象は、批判を受けても保持され続けるのか。そしてなぜ、自民党は選択的夫婦別姓制度を頑なに拒むのか。……といった疑問が、読むにつれ氷解していった。

ジェンダーギャップ指数が、先進国では最低の日本。むしろジェンダーギャップを残したいという感覚が政権与党に色濃く存在する国であることを考えれば、それは当然の結果であることを知らされる。

❀

とあるワイドショーのコメンテーターとして、安藤優子と三浦瑠麗が並んで登場していた。司会を務める五十代の男性お笑い芸人は最初から、両者は「バッチバチ」のライバル関係で、目も合わせないのだ、と紹介していた。

女の敵は女、という定型に素直に当てはめるその司会ぶりに、ほとんど古典芸能感を覚えたのだが、昨今強まっているのは、勝手に型や枠に当てはめられることを拒否する声である。

自民党の話に戻れば、女性は家事と育児と介護を一手に担う役、との型に当てはめることによって国を回していきたいという意識が強かった日本。が、もはや人の生き方を他人が勝手に型に当てはめることはご法度である。

『Ｎ／Ａ（エヌエー）』（年森瑛、文藝春秋）は、「当てはめられること」に対する繊細な忌避感を記す小説である。登場するのは、高校生のまどか。女子校では「王子様」扱いされる一方、付き合っているのは、教育実習でやってきたＯＧの大学生である。

まどかは常に、「属性」「らしさ」「枠」といったものからの逃避を夢見ている。股から血が流れるのが嫌だから、食べる量を減らして生理を止めているのに、大人から与えられるのは、「拒食症の女の子用の言葉」。まどかが「かけがえのない他人」と名付けた特別な関係性を求めて女性と付き合ってみれば、「ＬＧＢＴ」の枠に固定されてしまう。

属性を決めつけられ、多様性とやらの一つのピースにされてしまう事態を、まどかは拒否する。そこから退散したいのだけれど、しかし一生懸命に多様性を尊重しようとしている人たちを失望させないためにと、笑顔を崩さずに、一つのピースのままであり続けるのだった。

国やら組織やらが、全ての人を枠の中に入れ、そこにきちんと身を置いてさえいれば安寧に生きていくことができた時代は終わりつつあるのだと、この本を読むと思う。だからこそ、今まで枠に慣れていた人たちは、従来以上に枠を保持することに必死になるのであろう、とも。

枠は時に、人を守ってくれる。しかし「だから枠の中に収まっていなさい」と背中を押す人に対して本書は、その手の行為がいかに暴力的であるかを、そっと突きつけるのだった。

『向日性植物』（李屏瑤著、李琴峰訳、光文社）は、台湾人作家による、レズビアン小説である。日本語訳をした李琴峰は、レズビアンを公表する芥川賞作家。訳者あとがきにおいて彼女は、「ＬＧＢＴ小説」「レズビアン小説」といった文学作品に対するレッテルへの危惧を記す。そのレッテルをマジョリティが使うことによって「作品を単純化し、その奥行きを損なう暴力性を孕んでしまう」、と。

しかし彼女は、そのレッテルが必要な場合もある、とも書くのだった。「自分たちを表象する物語と出会う機会が極めて少ないマイノリティの人たち」にとってそのレッテルは、「真っ暗な夜の海に浮かぶ小さな明かりのように、あなたは独りじゃない、ここにはあなたの物語がある」と呼びかけるのだから、と。

台湾でベストセラーとなったこの小説は、『Ｎ／Ａ』と同様に、年上の女性と付き合う女子高校生が主人公である。『Ｎ／Ａ』の主人公はＬＧＢＴの枠に固定されることを拒否したが、本書では、主人公が友情と愛情の間を、少女と大人の間を、そして出会いと別れの間を揺蕩《たゆた》いながら、大人になっていく姿が描かれる。

❀

二〇一九年、アジアで初めて同性婚の法制化が実現した台湾。それまでには、同性愛者たちの

苦悩の歴史があった。レズビアン小説においては、「常に自死のモチーフが付き纏っていた」からこそ著者は、

「私はレズビアンが自殺しない物語が書きたかった」

とインタビューで語ったのだそう。

その言葉の通り、この小説が感じさせるのは、少女達の成長と未来。この小説がもたらす「夜の海に浮かぶ小さな明かり」は、さらに広がっていくに違いない。

❀

ウクライナの戦火、そして台湾のきな臭さが強まる今年は、特に戦争のことが思い起こさせられる夏となった。タイトルから想像がつきにくいが『世界は五反田から始まった』（星野博美、ゲンロン）は戦争について思いを致す本であり、八月に読むべき一冊となっている。

『コンニャク屋漂流記』において、星野家のルーツを探った著者。本書では外房の漁村から東京に出て来た祖父が、戸越銀座に自宅と工場を建てて以降の、星野家の昭和史を描く。

祖父が残した手記を頼りに、自身の〝故郷〟（故郷と出身地の違いについては、本書を参照のこと）である五反田近辺の地を、著者は掘り下げていく。するとそこは戦前から軍需産業が盛んな工業地帯だったのであり、星野家が営む工場でもまた、軍需関係の部品を作っていたことが判明する。

また武蔵小山をはじめとした近隣地域からは、大量の人々が満州へと赴き、その生存率は著しく低かった。

五反田は、戦争の影響を大きく受けた土地だったのだ。そして昭和二十年五月の城南大空襲では、星野家の家・工場を含め、付近は一面の焼け野原となった。

甚大な被害があったにもかかわらず、その記憶が街からも、人からも消えていることに、著者は驚く。そして五月の城南大空襲では、同年三月十日の東京大空襲と比べて、焼けた面積の割に亡くなった人の数が非常に少なかったのは何故なのか、という疑問に直面するのだった。

被災者の手記等を丁寧に調べた結果、著者が導き出した答えは「逃げたから」。空襲時、消火をせずに逃げる者は非国民、とのお達しがあれど、そんなことをしていては死んでしまう。下町の空襲に学んだ城南の人々は、人間としての本能に従ったのだ。

自身の家族を通して故郷を徹底的に見た結果、正史には残らぬ庶民の様々な感情に、著者は触れた。それは今となっては貴重な発掘物であり、本書は戦争のリアルを知らない現代人に、生き延びるための知恵を授ける本である。

（２０２２年９月１日）

ネット社会と母系社会

「ＩＴ革命」という言葉を初めて目にしたのは、まだ前世紀だった頃。「革命」なんてちょっと大げさなんじゃないの、などと当時は思ったが、それから三十年近くが経った今になってみるとわかる。あれは確かに革命だった、と。

『翼っていうのは嘘だけど』（フランチェスカ・セラ著、伊禮規与美訳、早川書房）は、〝革命〟以降に生まれ、スマホ無しには成り立たない毎日を送る若者たちの中で発生した、とある事件を描く長編小説である。

舞台は、フランスの地方の町。主人公のガランスは、バレエ教師の母を持つ十五歳の少女である。彼女は人目を惹く美貌の持ち主だが、まだその真の価値に気づいていないというお年頃。彼女の日常は、あるパーティーを境に、激変する。いわゆるスクールカーストの最上位にいる上級生が開くハロウィンパーティーに、招待されたのだ。

そのパーティーを機に、ガランスは急速にカーストの上昇を果たしたが、そんな日々は長く続かず、ネット上にとある動画が流出したことから、階級転落。その後彼女は、現実においてもネット上においても、行方不明になってしまう。

スクールカーストの上昇と下降。親との葛藤。恋の駆け引き。ちょっとした悪事。……十代を取り巻く出来事は、昔も今も変わらない。

現代の若者はそれらを全て、スマホの中で行うことができる。指を動かすだけで、いとも簡単に誰かと繋がったり離れたり、誰かを絶賛したり罰したり、はたまた画像をアップしたりシェアしたりすることができるのであり、それが若者にとっての「当たり前」なのだ。

ガランスの失踪事件を追う刑事は、事件を調べるほどに、

「仮想の世界を広げれば広げるほど、現実の世界は狭まっていく」

と実感する。しかしもはや大人にとっての仮想空間は、若者にとっては現実なのだ。

そんな現実から消えたガランスは、どこへ行ったのか。彼女を追い詰めた背景には、何があったのか。ネット社会の明暗のあわいを行き来する若者たちの危うさが、身に迫る。

❀

ＩＴ革命以前に成人していた私の世代は、被写体になることに慣れていない。子供時代は、せいぜい親から写真を撮られるくらい。子供の頃からホームビデオやスマホで画像を撮られ続けてきた世代とは、「映される」ことに対する感覚が異なるのだ。

では、生まれた時から画像を撮られ、それをネットにアップされ続けてきたなら、人はどうなるのか。……そんな問いを投げかける小説が、『子供が王様』(デルフィーヌ・ド・ヴィガン著、河村真紀子訳、東京創元社)である。

こちらも舞台はフランス。大人気のユーチューバーである母・メラニーが撮り続けているのは、二人の子供である。

小さい頃からYouTubeなどに登場させられてきた兄と妹は人気者だが、彼等は一家の生活を背負ってもいる。兄は素直に親の言うことを聞く一方、妹がYouTubeへの出演をぐずり始めた時、とある事件が発生し、この家の土台が大きく揺らぐのだった。

メラニーには若い頃、リアリティー番組への出演経験があった。とはいえ視聴者からの人気を得ることができず、すぐに脱落してしまうのだが、そのことが後のYouTubeへの没入の伏線となっている。

リアリティー番組は「見ている人が見られる人になる」ことを可能にし、彼等に束の間の名声をもたらした。ネット社会到来後、「束の間の名声」はさらに素人にも手に入りやすいものとなり、メラニーはYouTubeの虜となるのだ。

しかし、当初は一致しているように見えた母と子の思いはやがてすれ違い、子供が成長すればするほど、その距離は離れていく。子供という「役」を家庭で演じ続けてきた兄と妹が、それぞれの傷を癒すためにとった行動とは……?

フランスでは、キッズインフルエンサーの活動を規制する法律が、世界に先駆けて成立したのだそう。またキッズインフルエンサーの「忘れられる権利」が認められ、要請すればネット上のコンテンツは削除されることに。

撮られ続けることや見られ続けることは、一種の暴力性を孕むことを示したこの小説。小さい頃からスマホカメラにさらされ続けていたとしても、決してその暴力に慣れることはないのだ。

❀

インターネットがどれほどの危険をはらんでいても、我々はそのシステムを手放すことはない。ネット社会はさらに進化し、ネットネイティブではない最後の世代が死滅したら、ネットと現実を区別する「ネット社会」などという言葉も死語となるに違いない。

この「もっと、もっと」という希求に対して昨今、投げかけられているのは、「それでいいのか?」という疑問である。前へ、上へと進み続けることが善なのか。進まない勇気も、必要なのではないか、と。

『フォト・ドキュメント　世界の母系社会』(ナディア・フェルキ著、野村真依子訳、原書房)は、パリ在住のフォト・ジャーナリストの著者による、母系社会探訪の書である。

母親と母方の家系を中心として家族が構成されたり、財産や姓などが母子関係を通じて伝えられたりする母系社会は、わずかながら存在する。著者は長い時間をかけて各地を巡り、芸術的な写真とともに、個性豊かな母系社会を紹介する。

アジア、アフリカを中心に点在する母系社会は、いわゆる先進的な地域ではない。しかしそれは、父系社会ではないから発展しなかったというわけではなく、母系社会だからこそ必要以上の発展を拒否した姿のように私には見えた。

母系社会のあり方は地域によって様々だが、中でも印象的だったのは、中国のモソ族である。モソ族に、結婚という習慣は無い。母の家に住む若い女性は自室に恋人を迎え入れ、子供が生まれたなら母の家で育てる。男女関係はかなり自由度が高く、儒教発祥の国でありながら「貞節」という語から自由でいるモソ族のシステムは、どこか日本の平安時代を思わせるものだった。

しかしそんなモソ族にも、都市化、テクノロジー化の波は押し寄せている。スマホやＳＮＳに触れた時、母系社会はどう変わっていくのか。無駄な競争をしない母系社会の営みを示す、貴重な記録である。

❀

フランス系の本が続いたので、最後は『カニカマ人生論』（清水ミチコ、幻冬舎）を。稀代のものまね芸人である著者の自伝であることを知れば、このタイトルには納得がいく。カニの真似をしながら、時にはカニと同等もしくはそれ以上の働きをするのが、カニカマなのだから。

著者はミッチーブームのさなかに飛騨高山に生まれ、「美智子」と名付けられた。「ウケる」「すべる」の意味を初めて知った、小学生時代。高校時代、テレビから流れてきた矢野顕子の歌を初めて聞いた時の、ドラッグ体験もかくやの激しい衝撃。そして東京の短大へ進学した後、初めてタモリのライブを見て、お笑いと音楽が融合した世界へと誘われる……。

他に類を見ない著者の芸の種子は、人生のあちこちに蒔かれていたことがわかる本書。それらの種子を丁寧に育てることによって、さほど目立つタイプではなかった少女は、長じて後、一人で武道館を満員にするまでになったのだ。

「まねぶ」ことを突きつめて、著者は唯一無二の芸を自分のものにした。カニではなくカニカマが食べたくなる時があるように、ユーミンではなく〝ユーミソ〟が聴きたくなることがあるのは、その芸が決して偽者ではないからなのだろう。

（2022年10月13日）

Ⅳ　旅の空から

鉄道が変える人生

「道の駅」が流行っているが、駅とはもともと道にある「うまや」。しかし鉄道が発達したせいで駅といえば鉄道のそれを指すようになったわけで、本来であれば鉄道の駅の方を「鉄の駅」とか「線路の駅」と言うべきなのだろう。

このように、交通機関がどう発達するかによって、世の中は変わる。北前船の時代は日本海側に当たっていたスポットライトも、鉄道の時代となると、太平洋側に当たるように。「駅前」とは繁華街を意味するようになったが、その後自動車の時代となれば、駅前商店街はシャッター通りと化し、街道沿いの大型店が繁盛するように……。

交通機関は、世の中と人生を動かす。中でも、もっとも人生と関連づけやすい乗り物が、レールによる縛りを宿命づけられる鉄道だろう。

そして鉄道とはそもそも、敷設される時点から、多くの人の人生を巻き込んでいくもの。『電《でん》車道《しゃみち》』（磯﨑憲一郎、新潮社）は、ある私鉄に絡みついた様々な人生を描くことによって、日本の近代を紐解く物語。

エレキで走る鉄道、すなわち電車が日本で初めて走ったのは、京都。走る路面電車の前を、

「電車がきまっせえ。あぶのおっせえ」

と叫びながら走る「告知人」は、通行人に危険を報せるために存在したのだが、最も危険に晒されていたのは告知人本人であった。告知人の叫びは、時代を切り拓く悲しい響き。京の町で告知人とすれ違った商家の丁稚の少年は、咄嗟に何をしたのか。

そして明治の末、ある男が選挙に出て落選し、温泉地へ隠遁する。その地において一つのきっかけから、彼はとある私鉄を経営することとなった。電車を感じながら生きる様々な人生の物語が、そこから展開していくのだ。

東京近郊の田園地帯に敷設されたその私鉄は、時代とともに変わりゆく人々を運ぶ。戦争が始まって終わり、かつて田園だった沿線に多くの人が住むようになると、そこに生まれるのは、新しい物語。

沿線風景も、時代も、人も変わっていく中で、ただ線路だけは、その表情を変えない。鉄と電気が日本の近代化を進めたわけだが、多くの人生を絡めとりながらも静かにたたずむ、線路という鉄の存在感が際立つ物語。

❀

『電車道』はフィクションとして描かれているが、読んでいると何となく、小田急線のことが頭に浮かんだ。そこで併読したのが、**『地図と鉄道省文書で読む私鉄の歩み　関東（1）東急・小田急』**（今尾恵介、白水社）。今となっては当たり前に走っている鉄道も、その昔は「ここに鉄道を走らせたい」と思った人がいたからこその存在である。様々な申請書や、時代毎の地図を追うことによって、関東平野にいかにして私鉄が延びていったかを探るのが本書。

広大すぎる都市・東京。その東京を巨大化させた原動力の一つが、私鉄である。私鉄各線は、郊外に住んで都心に通うというライフスタイルを提案し、宅地開発とセットで線路を延ばした。

郊外移住の大きな契機となったのが、関東大震災。東急の前身である田園都市会社は、震災の翌月に早速、

「今回の激震は、田園都市の安全地帯たることを証明しました。都会の中心から田園都市へ！」

という広告を出したのだそう。

のどかな田園地帯に線路を敷き、住宅開発を進めたのは小田急も同様。その創業者である利光鶴松もまた、開拓者としてのバイタリティーにあふれる人物である。鉄道省への申請書類にも、自信満々の様が見てとれるのだ。

小田急線に乗ると、「中央林間」という行き先表示を見ることがあり、この「林間」というのは何のことなのだろう、とうっすら思っていたのだが、「林間」という文字にも、東急における「田園都市」と同様、小田急が抱いていた理想が滲んでいた。

かつては、相模川の砂利を運ぶことが重要な貨物収入源だった、小田急。相模原の軍都化計画、そしてロマンスカーの原型となった「週末温泉急行」……と、やはり小田急も、多くの物語を作り上げながら、人や物を運んでいた。鉄道省の官僚から、私鉄の経営側へと転身した、東急の五島慶太。そして大分から出てきて東京を拓いた、小田急の利光鶴松。私鉄の背景には、強い個性が見えてくる。

❀

鉄道によってもたらされる変化。……といえば昨今はやはり、北陸新幹線の開業が頭に浮かぶというもの（注・当時は金沢までの北陸新幹線が開通したばかりだった）。早速乗車してみたのだが、北陸の皆さんは本当に、嬉しそうだった。「五十年、待っていた」と。

直線距離は近いのに、北陸のことをよく知らない関東人は多い。それというのも、今までは交通の便が悪かったため、足を運ぶ機会が少なかったからであろう。しかしだからこそ我々は北陸に、ロマンティックな想いを抱いてもいた。

北陸の中でも金沢は、最も個性が強く華やかな印象の街。しかし私は、何度行っても金沢のことがわからないのだ。

金沢にまつわる本を読むと、私はいつもほろよい気分になる。金沢出身・泉鏡花の作品を読めば、ぼぅっと微熱が出たようになるし、吉田健一『金沢』の主人公もまた常に酩酊していて、物語は次々と時空を超えるので、読んでいるこちらも虚実の間を行き来する気分にならざるを得ない。

そしてこのたび手に取ったのは、**『金沢の不思議』**（村松友視、中央公論新社）。読めばやっぱり、酩酊気分に……。

三十年以上にわたり金沢に通い、その地の不思議を見続けている著者。本書では、金沢の歴史や文化から、その魅力をひもといていく。

著者は、金沢のことを理解していない顔をしつつ本書を綴るのだが、もしかするとそこには、「わかりたくない」という気持ちがあるのかも。金沢好きは酒好きが多いが、酒に酔うだけでなく、金沢という都市自体にいつまでも酔っていたいという欲望が、この本には見え隠れするのだ。

そんな時、文庫の新刊コーナーで**『汽車旅の酒』**（吉田健一、中公文庫）を発見。汽車旅についてのエッセイが集められているが、これは著者の小説「金沢」の解題としても読むことができる書。

吉田健一は、毎年二月に、河上徹太郎らと連れ立って金沢へと行く旅を、十五年ほど続けたのだという。その時代、東京から金沢まで行くのは寝台車。車中で酒を飲み続け、金沢に着いても朝から飲み続けるという、それは酩酊の旅だったのであり、旅の同行者・観世栄夫の巻末エッセイが、その飲みっぷり、食べっぷりを証する。

鯛のこつ酒を古九谷の大皿で飲む時の、「海を飲む思い」という表現、そして「電気が点いている部屋で飲んでいてもどこかに月光が差している気がするのも金沢の酒というものの一徳」という一文に、酒が飲めないこちらも、陶然とする。

また、

「金沢にいると本ものと贅沢の違い、或は本当の贅沢が金の問題ではないことが言わばその肌合いで解って来る」

という文章を読めば、金沢の本当の魅力とは、金沢人の生活そのものの中に織り込まれているに違いないと思われるのだった。

「こだま」だけだった東海道新幹線に、「ひかり」が登場した時のエッセイ「超特急」も、興味深い。スピードの速さと旅情の深さは比例しないこと、そして移動こそが旅であることが思い出される。

私はその中の、

「自分が乗っているものが珍しくてしようがない状態が続く間は勿論、旅行も何もあったものではない」

という文章に、自分を重ね合わせた。北陸新幹線にキャーキャー言っている私、北陸を味わうのはまだこれからなのだな、と。

（2015年4月2日）

国から離れる、言葉から離れる

ノンフィクションとエッセイの違いがわからなくなることがしばしばあるが、エッセイの方がより、書き手の「私」色が強い読み物、というザックリした印象がある。星野博美さんの著作も、いつもエッセイなのかノンフィクションなのか、と思いつつ読むのだけれど、すぐに本に引き込まれて、そんな線引きなどどうでもよくなるのだった。

『みんな彗星を見ていた』（文藝春秋）は、「私的キリシタン探訪記」とサブタイトルにあるように、日本のキリシタン、および日本に来た宣教師達の足跡を、星野さんの「知りたい」という気持ちの赴くままに辿る記録。

中学・高校と聖公会系のミッションスクールに通った著者は、そこでキリスト教、というより日本におけるキリスト教に違和感を覚える。また二〇一一年刊の『コンニャク屋漂流記』では、父方の先祖の地・外房は岩和田に、四百年前に南蛮船が漂流した事実を見つめる。そして「四〇〇年前、東と西が出会った時、その現場に居合わせた人はどのような葛藤を感じたのか。異文化はどう受容され、拒絶されたのか。それを自分の体で感じてみたい」という思いが結実したのが、本書である。

スタートは、リュートを手に取ること。これは、天正遣欧使節の四人の少年が帰国後、秀吉の前で演奏した西洋の楽器の一つ。リュートに少しずつ親しむ一方で、キリシタン達が信仰を育み、迫害され、逃げた地へと旅をする。

リュートや旅によって体感するのみならず、詳細に資料を紐解くことによって提示されるのは、意外な事実の数々。たとえば当時、スペインとポルトガルの勢力が世界的に広がるにつれ「殉教可能地域」はどんどん減少、「日本は世界でも数少ない、殉教可能地域だった」のだそう。外国人宣教師は「殉教する可能性があるからこそ」日本へ行き、殉教者としての栄光を得ようとしていたのだ。

著者は、資料をも身体で読み解いているように見える。宣教師はなぜ、日本へ来たのか。日本人キリシタンは、なぜ殉教を望んだのか。日本の権力者達は、キリスト教をどう受け止めたのか。……と、それぞれの立場となって思索を深めるのであり、だからこその「私的」キリシタン探訪記。明確なテーマを追い求めるというよりは、たまらなく惹かれる方向へと進まずにいられない著者の、求道の書でもあるのだろう。

旅の終りは、宣教師の出身地である、バスクそしてバレンシアへ。ある宣教師の出身地の教会における著者の「体感」は、読む側の身に強く迫ってくる。それは、四百年前の人も現代の人も、そして日本の人も異国の人も、皆同じ人間であるという、当たり前だけれど大きな事実だった。

異国へ行くこと。そのハードルは、四百年前と今とでは、全く異なる。昔の宣教師達のように「死にに行く」という覚悟を持つ必要は、無くなっている。

『べつの言葉で』（ジュンパ・ラヒリ著、中嶋浩郎訳、新潮クレスト・ブックス）は、アメリカ在住の小説家の著者が、家族とともにイタリアへ移住した日々を記した、著者初のエッセイ。「外国の体験記」は、それこそ大航海時代から無数に存在すれど、本書の特筆すべき点は、著者がイタリア語で記したというところだろう。

かつてのイタリア旅行で、イタリア語と衝撃的な出会いをし、恋愛をするかのように二十年間、勉強を続けてきた著者。すでにイタリア語能力は相当なレベルに達しているが、アメリカで暮らしながら勉強を続けるのと、イタリアで生活することは全く異なる。のみならず、会話をすることと文章、それも世の中に出す文章を書くことも。

書くことを職業とする著者にとって、大人になってから出会った言語で書くことは、大きな挑戦である。そこには緊張とストレスが伴うけれど、同時に生じるのは、めくるめく興奮。これは読む側もわくわくさせる、言葉の冒険譚なのだ。

著者は、インド出身の両親とともに子供の頃にアメリカに移住してきた。ベンガル語も理解できるけれど、もっとも親しみの深い言語は英語。しかしあくまで英語は母語ではなく、「継母」的な感覚を抱いている。

イタリア語を勉強することは、著者の人生における「英語とベンガル語の長い対立から逃れること」であった。それは、「母も継母も拒否する」という「自立」。

そんな記述を読んで、日本語という母語の元で生まれ育ち、その乳房を安穏としゃぶり続けている自分に気づく。果たして日本語を本当にわかっているのか？　便利に使用はしているけれど、客観的に眺めたことはあるのか？　と。

冒険家が書いた書を、我々は自分も冒険をしているかのような気分で、読む。しかし冒険家と非冒険家の間には確実に何かが存在しているのであり、それを湖にたとえたのが、本書の最初のエッセイ「横断」。湖の中に足を踏み入れる勇気が、試される。

❀

とはいえ日本語という道具は、あまりにも自分にしっくりきている。痒いところを的確に掻いてくれるし、細かな凹凸にもぴったりフィット。その感触を放棄する勇気は、この先も湧くまい。

しかし**『言葉を離れる』**（横尾忠則、青土社）を読んでいて、日本語からのワープ感覚は、外国語を使用することのみによって得られるものではないのだな、と思う。

著者の人生の歩みが記された本書は、「いかに本を読んでこなかったか」の記でもある。本が一冊も無かったという家に育ち、紆余曲折を経てデザイン会社に勤めた後も、「知的コンプレックスが解消されるような気がして」ということで本を買っていたけれど、あまり読むことはなく、「大して効果のないサプリメントを常用しているようなもの」だったのだそう。

その後は、「私探し」の期間に突入。精神世界探訪も試みたものの、『私』は禅寺にもインドにも不在でした」。そしてあることをきっかけにデザインから絵画に転向すると、絵を描くという行為そのものの中に「ぼく自身の謎」が隠されていることに気づいて、その後は精神世界から遠ざかってゆく……。

三島由紀夫との交流に関しても記してあるが、三島と著者で共通するのは、「言葉を信じていない」ということ。だからこそ三島は肉体の方へと向かっていった。

簡単に嘘をつくことができる言葉に対して、絵画はより肉体的な行為だからこそ嘘をつくことはできない。この実感を得た著者の、

「ぼくは言葉ほど信用できないものはありません」

という感覚が、三島由紀夫と通じていたのだろう。

そんな著者のエッセイや書評がとても面白いのは、「言葉は簡単に嘘をつく」ということを熟知した上で、真実の言葉だけで記されているからではないか。

ジュンパ・ラヒリは、

「子供のころから、わたしはわたしの言葉だけに属している。わたしには祖国も特定の文化もない。もし書かなかったら、言葉を使う仕事をしなかったら、地上に存在していると感じられないだろう」

と、書いた。言葉に属することによってこの世とつながるという感覚は、母なる国や言語に属することが当然と思っている者が忘れがちなもの。さらには、言葉から離れて肉体の感覚に身を任せるという横尾氏の姿勢にも、言葉に頼り切る私はハッとさせられた。

言葉に属していても、言葉から離れていても。さらなる奥底を探求したいという冒険心こそが、面白い本を、そして面白い人生をつくるのだろう。

（２０１５年11月26日）

英国人のふるまい

「オバマ前大統領も愛読した大河恋愛小説」

という帯の文に「へえ」と思って手に取った、『運命と復讐』(ローレン・グロフ著、光野多恵子訳、新潮クレスト・ブックス)。これが、「トランプ大統領も愛読した」でも「安倍首相も愛読した」でも、読まなかったであろうが、オバマと恋愛小説はマッチする。

ニューヨークの大学で、ある男女が出会って恋におちて結婚、というあたりから、物語は動いていく。大学におけるキングとクイーンのような華やかな二人の物語なのであり、「オバマさんも、自分達と重ね合わせて読んだのかしら」という気がしてきた。

調子よく読み進めていくと、しかし半ばでがらりと転調。前半は夫の視線から書かれているのだが、後半は妻の視点で記されるのだ。

夫から見たら、貞淑でよく気がつく美人の妻は、夫には想像がつかないほど複雑な心理を抱えていた。のみならず、彼女は夫の全く知らない過去を秘密にしている。

何十年の時を共にしても、夫婦は本当に相手のことを知っているわけではない。そして本当に言いたいことは言わずに夫婦は始まり、そして終わっていく。……という普遍的事実を、この小説は最も効果的な手法で突きつける。

しかし、それでも他人同士の二人が出会い、共に暮らすことの意味は存在することをも、本書は感じさせるのだった。結婚という行為の謎と神秘を、具象化して教えてくれる小説なのであり、カオとカネの交換（©小倉千加子）行為としてしか結婚を捉えていないであろうトランプさんは絶対に読まないだろうなぁ、と思った。

❀

『運命と復讐』の原題は、「Fates and Furies」。おそらくは、「Pride and Prejudice」、すなわち『高慢と偏見』を書いたジェイン・オースティンへのオマージュになるのだろう。結婚という行為についてみっちり書く、というスタイルも、オースティンを思わせるもの。

『高慢と偏見』の新訳（大島一彦訳、中公文庫）が出たので、久しぶりに読んでみた。本書もまたたっぷりと厚いのだが、そこに記されるのは、一組の若い男女の出会いから結婚まで、というシンプルな出来事。

その男女、すなわちエリザベスとダーシーがどうなるかを、多くの読者はとうに知っているのだけれど、それでも読むたびに楽しむことができるというのが、古典の強さである。

エリザベスは、イギリスの田舎に住むベネット家五姉妹の次女。『若草物語』といい『細雪』といい、多姉妹ものに名作が多いのは、それぞれに女の類型的性質をあてはめ、物語に幅を持たせやすいからなのか。

ベネット家五姉妹が変わっているのは、上二人が優しかったり賢かったりと良い娘なのに対して、下三人がダメ女、というところである。ついでに母親もダメ女ということで、「こんなダメ母から良い娘が生まれるだろうか」という一抹の疑問は浮かぶものの、しかしそれは物語を面白くする伏線でもある。

物語のポイントとなるのは、身分の問題である。舞台は上流社会だが、イギリスは、上流の中にも様々な上下関係が存在する階級社会。ベネット家のダメ母の身分があまり高くないというところが、姉妹達の結婚にとってデメリットとなっている。

そんな母を持つエリザベスと、格上の家柄に生まれたダーシー。二人は、身分や経済力の格差と愛情との折り合いを、つけることができるのか。

ハッピーエンドの物語ではあるが、格差を乗り越えて結婚した結果、二人はどうなっていくのだろうか。世界の作家達が、『高慢と偏見』へのオマージュやらスピンオフを書かずにいられない気持ちも、わかる気がする。

❀

『高慢と偏見』は十九世紀初頭に書かれた作品だが、イギリスが階級社会であることは、今も変わらない。『イングリッシュネス 英国人のふるまいのルール』（ケイト・フォックス著、北條文緒・香川由紀子訳、みすず書房）には、「すべてのイギリス人には、誰かが口を開くや否や階級地図上のその人の位置を知らせるGPSが装着されている」とあった。同じことについて言うにしても、階級によって発音や用語が細かく異なり、イギリス人なら相手の話を聞いた瞬間に、その階級を判断できるのだそう。

イギリス人のふるまいにおいて存在する、様々な特有の法則を社会人類学者の著者が解説する本書。ここにも『高慢と偏見』は引かれている。イギリス人は挨拶の場において、まごまごとぎこちなくふるまいがちだそうで、エリザベスとダーシーが、二人でいるのになかなか会話が進まない場面もまた、その特性によって解説される。

彼等はまた、「むきになること」を、嫌う。悲しくても嬉しくても楽しくても、生々しい感情はそのまま露呈させず、ユーモアそれもアイロニーをまぶしておずおずと提示するのが、英国風なのだ。

それは、長い歴史が築いてきたルールなのだろう。階級社会であるからこそ、「婉曲表現や礼儀正しさで対等に見せる」のが、イギリス人。対等を装うことは、「強い階級意識を好ましくないやり方でさらすのを防ぐために必要な」ことなのだ。

それはどこか、京都人のふるまいのルールとも通じている気がした。『梅棹忠夫の京都案内』など読めば、京都の産業におけるブルジョアジーとプロレタリアート、といったことが書いてあるが、帝がいた京都もまた、見えない階級が支配する地。高度に人為的な社会であればあるほど、複雑な礼儀もまた、必要になってくるのだろう。

❀

イギリスは階級社会だというが、しかし例外もあるらしい。『**羊飼いの暮らし　イギリス湖水地方の四季**』（ジェイムズ・リーバンクス著、濱野大道訳、早川書房）は、湖水地方の羊飼いが書いた本なのだが、この地域には、古くから「平等主義」の考え方が根付いているのだそう。

湖水地方は、日本人にも人気の観光地で、実は私も行ったことがある。ピーターラビット好きの日本人は、その作者であるビアトリクス・ポターが、湖水地方の広大な土地を買い上げてナショナル・トラストに寄付をした、といったことは知っているが、この地で数千年前から行われている牧羊については、何も知らない。

英国内の階級制度にあてはめれば、低い身分となる羊飼い。しかしこの地では古来、「富」や

「階級」によってではなく、「仕事」「家畜」「協力」によって人を判断してきた。そんな彼等は、まるで違う時代を生きているかのように、つらい仕事に黙々と勤しむ。

本書はまた、「ビリギャル」的な側面をも持っている。羊飼いの家に生まれた著者は、地元の学校を中退して羊飼いとして働き始めたため、文字すらろくに書くことができなかった。しかし後に妻となる女性と出会うことによって勉学に目覚め、オックスフォード大に進学。その後は、ユネスコの観光アドバイザーとの兼業で、羊飼いをしているのだ。

「どこかへ行くこと」や「人生で何かを成し遂げること」にとりつかれている現代社会に対して、著者は疑問を呈する。先祖代々、著者の家族は同じように羊を飼い続け、羊もまた脈々と、その血筋をつなげていく。この地では、ひたすら「続けていく」ことが、生きることなのだ。

羊飼いは、美しい自然に囲まれて生きるが、だからこそその暮らしは過酷でもある。しかし彼等はそんな日々にうっとりしすぎず感傷的にもならず、つまりは「むきにならず」に、淡々と日々を過ごす。そんな彼等もまた、生粋の英国人と言うことができるのだろう。

（2018年2月8日）

旅に出ずして旅をする

新型コロナウイルスによる緊急事態宣言の発令により旅ができなくなってから、三ヶ月。こんなに旅をせずにいるのは久しぶりだ、と思っている時に、「旅行に幻滅した人のためのガイドブック」とのサブタイトルがついた『世界でいちばん虚無な場所』（ダミアン・ラッド著、菅野楽章訳、柏書房）という本を読んでみた。旅行に幻滅したわけではないが、旅行をせずとも「案外、平気だ」との思いは募っている。

本書では世界中の二十以上の場所が紹介されているが、著者はその地に行ったことがないし、行くつもりもない。それらは、たとえば「破滅町」（Doom Town）、「残酷岬」（Cape Grim）というように、陰惨な名のついた実在の地。なぜそのような名前がついたかを示しつつ、暗黒の歴史を旅する書と言えよう。

アメリカのネヴァダ州にある「破滅町」は、核爆弾の実験で壊されるためにつくられた町。オーストラリア・タスマニア州の「残酷岬」は、アボリジナルの住民が、白人の入植者によって大量に虐殺された地。他にも、「死の島」「表現不能島」「世界の果て」……と、それぞれの地名は、人類が歴史に刻んできた様々な愚行や奇行を記録する。

同時に本書は、旅に出ずして旅をすることの可能性も、示している。十八世紀のフランスの作家は、四十二日間自室に幽閉されていた時、その部屋の中だけをくまなく歩き、探検し、『自室の旅』との本を書いた。またナチスの建築家は、収監された後、刑務所の庭を歩いた距離を地図に当てはめ、世界中を旅した記録をつけていた。

思わぬ自宅軟禁状態が続く今だが、庭や部屋の中だけでも、旅は可能。また一歩も歩かずとも、一冊の本があれば心を旅立たせることはできることを、久しぶりに思い出した。

❀

『世界でいちばん虚無な場所』には、南極の地名がいくつか出てくる。そこが過酷な地であることがわかっていても、人は地球の「極」がどうなっているのかに興味を惹かれて出かけていき、名前をつけたのだ。

極、果て、端っこ。探検家でなくとも、その響きは人を魅了する。**『サガレン　樺太／サハリン　境界を旅する』**（梯久美子、ＫＡＤＯＫＡＷＡ）は、かつて「国境」が日本人にとって人気観光地となっていたという事実にスポットライトを当てた。

その国境が引かれていたのは、樺太／サハリン。旧名「サガレン」である。日露戦争で勝利後、日本は島の南部を得て「樺太」とし、帝政ロシアとの国境線が引かれることに。日本人にとって陸上の国境は珍しいものであり、北原白秋や林芙美子、宮沢賢治なども訪れている。

実際にサハリン鉄道に乗り、かつて国境を見に訪れた人々のゆかりの地を探し求めた著者。日本の果てを目指さざるを得なかった宮沢賢治の心の軌跡が、丁寧に紐解かれていく。

日本にとって「果て」の地は、ロシアにとっても「果て」だった。チェーホフもまた「果て」を目指した一人だったのであり、『サハリン島』との紀行書を記しているのだそう。チェーホフの旅路と重なる、賢治の旅路。果てを求める人の心は、どこかで通じ合っていたのであろう。

❀

『オルガ』（ベルンハルト・シュリンク著、松永美穂訳、新潮クレスト・ブックス）の主人公・オルガは、十九世紀末にドイツの貧しい家庭に生まれ、二つの戦争を経験し、九十年ほどの人生を終えた女性。彼女は生涯独身だったが、心から愛した男性が一人いた。

彼はオルガとの将来を約束しながら、貧しいオルガとの結婚を両親に反対され、世界を彷徨う。第一次世界大戦前夜には、ドイツの極地への進出の必要性を信じ、自ら北極圏へと出発した後、連絡を断ってしまう。果てを希求して運命を狂わせる男が、ここにも一人。

彼を待つオルガは郵便局留めで、彼への手紙を書き続けた。誰にも読まれることはないはずだった手紙の束は、二十一世紀になって思わぬ真実を伝える。

ストーリー構成の見事さに引き込まれつつ、一人の女性の人生を通じて、ドイツの近代史を旅するような感覚も抱かせる本書。オルガは多くのものを奪われながら、最後には自らの意志を貫いた。平凡な人生の果てに、彼女は北極探検よりずっと非凡な人生を完成させたのだ。

❀

四半世紀前の書の復刻版『才女の運命　男たちの名声の陰で』（インゲ・シュテファン著、フィルムアート社）は、『オルガ』と同じ松永美穂訳。

画家、音楽家、学者、作家。世界的な業績を残した才人達はしばしば、自身と同等もしくはそれ以上の才能を持つ女性をパートナーとして得るが、しかしその後の女性達は、夫から精気を吸い取られるようにして活躍の場を失っていく。マルクス、アインシュタイン、リルケ、シューマンといった誰もが知る偉人が、女性の扱い方においては偏狭で嫉妬深く、想像力に欠けていたことを示す書。

才能溢れる男性と結婚した才能溢れる女性は、家事や子育てや嫉妬などで自らの才が無視され、潰される現実に悩み苦しみ、精神の病となることも多かった。しかしそれでも彼女達は、日本風に言うならば「男を立て」てしまう。

そんな女性達が皆、

「目立って父親の寵愛を受け、才能を伸ばすようにと父親の側から決定的な働きかけを受け、母親とは往々にして非常に悪い関係にあった娘たちであった」

という指摘は、興味深い。例えばシューマンの妻・クララは、父親によるピアノのスパルタ教育を受けるが、結婚後は夫に才能を搾取され続ける。理不尽だと思ってもそれを受け入れるのは、幼い頃から父親の操り人形であったが故に、ずっと「父親的人物の権威と観客の共鳴とを必要とした」から。

今もなお、同じようなカップルは多かろう。夫より有能な妻がしばしば、夫の前で無知を装ったり、経済的負担と家事負担のバランスが全く取れていなかったりする例はあちこちに。

画家のロヴィス・コリントの妻シャルロッテも、自身の画家としてのキャリアを夫に阻害された一人である。彼女は回想録に、

「本当に必要なのは女性の解放ではなくて、男性が成長してくれることを望むしかないのです」

と書いているが、それは今にも通じる言葉であろう。

❀

『才女の運命』に取り上げられたのは、「内助」向きではない女性達だった。一方で「内助」に

生き甲斐を感じる女性も多いのであり、たとえば歌舞伎座のロビーで、美しい着物姿で挨拶などしている梨園の妻を見ると、〝内助業〟のプロフェッショナルという感じがするものだ。

『江戸の夢びらき』（松井今朝子、文藝春秋）は、初代の市川團十郎の一代記であるが、語られるのはその妻の視点から。初代團十郎の妻もまた、内助業を極めていた。

寛文七（一六六七）年、浪人の娘である恵以《えい》が、江戸の芝居町で少年海老蔵と出会ったのが、二人のなれそめ。やがて二人は結婚し、しっかり者の恵以にしっかり支えられ、海老蔵改め團十郎は、江戸随一の人気役者への道を歩んでいく。

西では近松門左衛門が筆をふるい、江戸では赤穂浪士の討ち入り事件が発生し……というその時代。團十郎は、江戸の芝居に大きな動きを起こした。「見え」「六法」「荒事」といった、歌舞伎で馴染みの言葉の起源が物語のあちこちに織り込まれており、「そうだったのか！」と頷きつつ、芝居を見るかのように初代の数奇な人生に引き込まれた。

当たり前に見ていた襲名というシステムも、自身の「名」を残すことによって永遠の命を得るための行為。そう思うと、ウイルス騒動で先延ばしとなった十三代目市川團十郎白猿の襲名披露が、ますます楽しみになってきた。

（2020年5月28日）

歩み続ける高齢者

書店のエッセイコーナーにおける高齢者エッセイの勢いは、とどまるところを知らない。瀬戸内寂聴先生は残念ながら亡くなられたが、九十歳内外となった昭和の人気作家達のエッセイが続々刊行され、時に元気よく、時に淡々と、老いの日々が綴られているのだ。

平均寿命が女高男低であるため、群雄割拠ならぬ群雌割拠の感がある、〝ご長寿エッセイ〟業界。八十代の著者でもまだ若すぎる感がある中で、ひときわ異彩を放っていたのが『**１００歳まで生きてどうするんですか？**』（末井昭、中央公論新社）。

タイトルからして、高齢関連エッセイだとわかるものの、七十代前半の著者は、高齢業界ではまだ若手。ほとんど神の領域に入っている超高齢者と比べると、生々しさが濃厚に漂う。

『写真時代』、『パチンコ必勝ガイド』といった雑誌の編集長を務め、名物編集者として知られた著者。小学校一年の時、母親が若い男とダイナマイト心中したことは他の著書にも詳しいが、その後の人生における波乱の数々が、本書には記される。

人生が百年としたら、人生を前半・後半に分けて、「50歳で年齢をリセットして1歳から数える」という著者は「後期23歳」。〝前期〟の五十年では、ギャンブル、金、女性といった事象の予定不調和性に惹かれて突き詰めていった結果、死と生の境目を見るような経験を積んできた。

しかし恬淡とした筆致で描く過激な経験からこぼれ落ちるのは、爛れた感触ではなく、そこはかとないユーモアである。それは予定調和の人生を送ってきた人には見ることのできない景色を見てきたからこその、境地なのかも。

どのような「前期」を生きてきたかが、「後期」をつくる。……そんなことを思わせる、新種の高齢エッセイの登場である。

❀

旅心を刺激する装画に惹かれ、『グランマ・ゲイトウッドのロングトレイル』(ベン・モンゴメリ著、浜本マヤ訳、山と溪谷社)をジャケ買い。エマ・ゲイトウッドという女性が、アパラチアン・トレイルの全線踏破を目指した記録である。

アパラチアン・トレイル(以下、AT)とは、アメリカ東部を南北に貫くアパラチア山脈に沿って作られた、全長約三三〇〇キロの自然歩道。南はジョージア州から北はメイン州まで、十四の州にわたっている。

本書の主人公であるエマは、一九五五年に女性で初めてATを端から端まで一度で歩き通した、

〝スルーハイカー〟。彼女はテントも寝袋も持たず、布袋にわずかな荷物を入れて肩に担ぎ、一人で約五ヶ月間、歩き続けたのだ。

孫もひ孫も持つ六十七歳の身で、彼女はなぜそのような挑戦をしたのか。本書は彼女が歩いた道のりを辿りながら、その理由を追い求める。

米ソの冷戦、核問題、黒人問題。エマがATを歩いていた時、アメリカは多くの問題を抱えていた。また彼女に十一人の子供を産ませた夫は、彼女に激しい暴力を日常的に振るっていた。そのような問題は、彼女が五ヶ月間、時に落ち葉の中で眠り、時にずぶ濡れになって激流を渡る理由となっていたのか。しかし著者がたどり着いた「歩き続けた理由」は、実にシンプルなものだった。

この本のページを次々とめくりたくなるのは、山歩きがしばしば人生と重ね合わせて語られることと無関係ではないだろう。ひどい嵐に遭ったかと思えば、見知らぬハイカーとの心温まる出会いもあった、五ヶ月の旅。彼女が歩き続ける姿は、彼女が人生をいかに生きてきたかを思わせるのだ。

六十七歳の女性が、時には一日三十キロ以上も歩いてゴールを目指す姿は次第に注目され、しばしば新聞取材の対象となった。彼女の存在は、歩くことを忘れたアメリカ人に刺激を与え、ATのスルーハイクをする人の増加にもつながる。

生前のエマから話を聞いた人は、自分も歩きたくなってきたのだそう。この本もまた同じ効能をもたらすのであって、私も読み終わる頃には脚を動かしたくてむずむず。その感覚は、人生を動かしてみたいという欲求とも似ているのだった。

❀

『子供たちの聖書』（リディア・ミレット著、川野太郎訳、みすず書房）を読んでいたら、偶然にもアパラチアン・トレイル関係の記述が登場した。日本では初めての翻訳となる著者によるこの小説はアメリカの東海岸が舞台。ATのスルーハイカーのため、トレイルの要所に水や食料を配備する「トレイル・エンジェルズ」の人々が、重要な役割を果たしているのだ。

エマはスルーハイク中、野イチゴを食べたり、近くの民家で食べ物を分けてもらったりしていたが、今はそのような〝エンジェル〟がいるとは。……と、時の経過を感じたが、しかしこの物語の舞台となっているのは、人々が異常気象によって苛まれる現代の世。本書は、もはや山歩きどころではなくなりつつある時代を描いた〝気候フィクション〟である。

冒頭に登場するのは、東海岸のとある邸宅。数家族の親と子が集まって、夏を過ごしている。酒とドラッグ、そしてセックスに浸っているのはティーンエイジの子供達ばかりではなく、親も同様。そこへ巨大な暴風雨がやってきて大きな被害が生じ、子供達は親を残して農場へ逃れることを決意する。

親は何もせずに同じ地に留まり、子は現状打破のために行動する。その対照的な姿は、気候変動に対する意識の世代差を象徴するかのよう。気候変動を生みだした世代と、その中でこれから生きていかなくてはならない世代の分断が、明らかにされる。

物語の語り手は、一人の少女。彼女の弟がはまっている本が子供向けの聖書であり、初めてキリスト教に触れた彼は、逃避行を続けるうちに、その教義をシンプルに理解していく。

語り手の少女の名は、「イヴ」。避難先の農場にやってきて、子供達の味方となるのは、トレイル・〝エンジェルズ〟。その中で医療知識を持つ男性の名は「ルカ」。……等々、物語のあちこちには聖書を思わせる仕掛けがちりばめられるが、黙示録的な陰鬱さは、漂わない。死や滅亡が迫りながらもあくまで軽いこの物語の空気そのものが、今という時代を映している気がしてならない。

❀

芥川賞候補作となった『Schoolgirl』（九段理江、文藝春秋）にもまた、今の世における親と子の世代的分断が描かれている。十四歳の娘はインターナショナルスクールに通い、家以外では英語を話しているのに対して、母親は英語を理解しない日本語スピーカー。娘はデジタルネイティブのユーチューバーであるのに対して、母親は紙の本で小説を読むことを趣味としている。

娘はグレタさんに憧れ、YouTubeを通して環境問題に対する理解を広めようと必死である。彼女は、なぜ母親が社会問題に対して無関心でいられるかが理解できずに激昂しているのに対して母親は、娘世代が「上の世代を憎んでいる」と感じながらも、娘に愛と哀れみを感じずにいられないのだった。

いつの時代も、思春期の子供と親との間には分断が生じがちではある。しかし現代の分断の原因は、過去のそれとは全く異なるものだった。

母と娘は、互いが愛するものを通して、相手を理解しようとする。母は娘のYouTubeチャンネルを欠かさず見るのであり、娘は母の書棚からとある小説を抜き取って、読んでみるのだ。

母娘それぞれが、自身にとっては縁遠いメディアに接することによって、両者の関係はどうなっていくのか。今の大人達へと向けられる若い世代からの視線の一端が、突き刺さる一冊。

（2022年2月17日）

おかみと観光

かつての日本では、「子を持つ母もまた、一人の女」という事実に当の母親が自覚的になることは、タブーだった。子を産んだら一生、母の顔しか持つべきではないとされていたのだ。

が、今の母親達は、女としての顔を、そう簡単には手放さなくなっている。母と女を両立するようになってきたわけだが、そんな両立を五十年以上前から軽々とこなしていたのが桐島洋子であるなぁと、『ペガサスの記憶』（桐島洋子・かれん・ノエル・ローランド、小学館）を読んで思った。

桐島洋子の自叙伝である本書。シングルマザーとして三人の子を育てた彼女の人生は、したいことをするうちに、いつの間にかタブーを打破していた、ということの連続である。

その人生は、幼い頃から波乱万丈だった。三菱の大番頭を務めた祖父を持つ豊かな家に生まれたものの、父は財産を使い果たしてしまう。経済的にも振れ幅が大きい上に、転居もあちこちに。

目次には、それぞれの時代に著者が生きた国内外の様々な地名が列挙されている。戦前戦後を過ごした「東京、上海、葉山　一九三七」から、船上で次女を産んだ「モスクワ、ローマ、マルセイユ、シンガポール、横浜　一九六五」まで、目次から流転の人生が漂ってくる。

高校を卒業して文藝春秋に入社した後、既婚のアメリカ軍人と恋愛し、三人の子供を出産。「こうしなくてはならない」といったくびきに縛られやすいのが子産み・子育てだが、著者は自分の手法を貫き、その手法を周囲に認めさせていった。

子供達の父だった男性と別れた後は、恋、旅、そして仕事の波に揉まれ続けた洋子。では子供達は、その姿をどう見ていたのか。

桐島洋子による半生記の後、後半部分を引き継ぐのは、三人の子供達である。子供達は、時に冷静に、時に寂しさを堪えつつ、母を見ていた。母親が「女」であり、かつ一家の大黒柱でもあるという状況を受け止めるための手法を、自分達で編み出しながら、成長していったのだ。

子供達は、大人になるにつれ、母の偉大さを理解していく。与えられた状況で生きていく術《すべ》を与えてくれたのは、母親。だからこそ本書には、母親に対する、子供達の深い敬意と愛情が満ちる。

桐島洋子の自叙伝でありながら、本人による文章が途中で終わっている理由は、本書の最後に次女ノエルによって記される。洋子は本書の最初に、『風と共に去りぬ』が桐島家のファミリー・ブックだ、と書いているが、スカーレット・オハラの精神を受け継いで生きた女性は今、静かに余生を過ごしている。

❀

女性としても母親としても、太線の人生を歩んだ、桐島洋子。その姿は、今を生きる母親達にとって励みになるものだが、対して日本では、個人としての自分は殺し、家族のために尽くして生きる母親像が、長く求められていた。

そのような欲求は、家庭内だけにとどまらない。人々は家庭の外にも母親を求めたのであり、酒場における「ママ」もその一種とは、巷間言われるところ。

さらには旅館の「おかみ」もまた、日本人にとって、〝旅先のお母さん〟的な役割を果たしたのではないか。男性達が羽目を外せる場所には常に、「お母さん」がいたのだ。

そんな旅館のおかみ像の歴史は意外と浅いことを、『旅館おかみの誕生』（後藤知美、藤原書店）を読んで、知る。旅館におけるおかみイメージは昭和の途中でつくられたものだった。そういえば落語に出てくる宿屋で、

「おかみでございます」

みたいな人は出てこない。

多くの資料を読み解き、おかみの歴史を紐解いた本書。おかみすなわち「女将」は、明治・大正期は、女所帯の主として、料亭や茶屋、芸妓屋等の商売をする女性を指していたのだそう。女の大将という意味で女であり、「じょしょう」とも読まれることもあった。

昭和になると「女将」を「おかみ」と呼ぶことが定着するが、そんなおかみの世界に変化が訪れたのは、戦争が終わった後、昭和三十年代だった。

高度経済成長期のこの頃、庶民が余暇に使用するお金が増大。観光・レジャーのブームとなり、団体旅行の増加によって、旅館同士の競争も激化していく。

そんな中で注目されたのが、おかみだった。彼女達に求められたのは、臨機応変できめ細やかな、まさにお母さん的サービスである。昭和五十年代後半からは、「おかみのサービス」は旅館につきものに。マスコミでも盛んに取り上げられるようになり、和服姿のおかみが旅館のあちこちに花をいける、といった姿がイメージとして定着する。

もう一つ驚かされたのは、旅行業者の役割である。当時は旅行業者が旅館に対して、「宴会の客に、おかみが挨拶した方がよい」といったアドバイスをしていたのだそう。旅館といえばおかみ、とのイメージには、マスコミや旅行業者が大きく関係していたのだ。

しかしその後、画一的なおかみイメージに反旗を翻すおかみ達が登場する。旅館経営者の妻など、おかみになることを期待される立場にいる女性が、

「自分はおかみではない」

と、おかみになることを拒否するケースも。旅行スタイルの多様化と共に、おかみの多様化が進んでくる。

確かに今、

「おかみでございます」

という、昭和的な挨拶をおかみがして回る旅館は少ない。客側もまた、お母さん的な濃厚サー

ビスは望まなくなってきたのだろう。

おかみの業務が固定化しておらず、周囲の状況と本人の裁量次第で変化することへの指摘も、興味深い。旅館おかみは、ブームの中で作り出されたものの、その存在の必要性も業務も、実は旅館ごとに異なる流動的な存在だった。

日本では他の職場においても、お母さん的存在が求められるケースがしばしばある。が、集団におけるお母さん的存在は、絶対に不可欠のものではないことを、本書は示している。

❀

コロナも落ち着いてきて、旅行へ出かける人が増加している。外国人旅行者の受け入れも、始まった。一時ストップとなっていたこの国の観光は、どうなっていくのか。また元のように戻るのか、それとも……?

『低空飛行　この国のかたちへ』（原研哉、岩波書店）の著者が示すのは、日本の風土と自然、文化の蓄積に今一度目をこらす、という道。グラフィックデザイナーとして、多くのホテルづくりにも関わってきた経験から、この国がどのような角度から「観られる」時に新たな光を生み出すかを考察する。

日本的なデザインや文化、そしてもてなしの展示場のような役割を、従来は旅館が果たしてきた。しかし今後はホテルが、その任を担うことができるのかも。泊まること、すなわち人が自宅以外の場所で夜を過ごすことの可能性が、ここでは示される。

泊まるといえば、船もまた停泊する乗り物である。船で日本の周囲を巡り、離島や半島に停泊しつつ、時間をかけて日本を感じる旅の提案も、興味深い。

たとえば能登半島などは、北前船が盛んに往来していた頃は、人も物も集積する、進んだ土地だった。しかし鉄道の時代となるとそこは、足を運びづらい僻地となる。宿泊ができる船による離島・半島巡りという提案は、それらの地の価値を再発見するきっかけとなるのではないか。

大量の人が、離島・半島巡りに押しかける必要はないのだろう。パソコンがあれば遠隔地でも仕事ができることを知った人々は、前よりは少しゆっくりと、人が少ない手段を選んで、旅することができるようになった。従来とは異なる角度から観られることを、コロナ後の日本は待っているに違いない。

（2022年7月7日）

旅の原動力

女友達との新年会で皆が口にしたのは、母親についての愚痴だった。年末年始を共に過ごした時に生じた怒りや疲労が、一気に噴出したのだ。

父と息子よりも密接だからこそ、母と娘の関係は年をとるほどに難しくなる。そんな中で母との向き合い方に新たな道を示すのが、『テント日記／「縫うこと、着ること、語ること。」日記』（長島有里枝、白水社）である。

とはいえ本書は、母娘関係の指南書ではない。写真家でアーティストの著者は、個展で展示するインスタレーションを、母と共に制作しようと思い至る。家族の古着をほどいてテントに縫い上げることで、「長い年月それに縛られ、苦しいと感じてきた母子関係からの逸脱を試み」たのであり、本書もまた作品の一部。

表現者が家族を題材にするには、繊細な気配りと勇気が必要となる。表現は、時に暴力となって家族を傷つけることもあるのだ。

著者が、それでも母との関係を作品化したのは、「家族は美しいものという幻想を強化したいからじゃなく、その逆」。「家の中で起きた出来事はわたしが語らない限り、なかったこととしてわたしと一緒に死んでいく」のであり、語られないままにそれが次世代に引き継がれてしまうことを、著者は危惧するのだ。

母娘がテント作りを始めると、途端に軋轢が生じる。言い合い、後悔、涙、疲労が渾然となる中で、両者の心の硬い殻は、軟化と硬化を繰り返し、家族の関係は微動していった。

相手に対する思いを吐き出すことなく、時をやり過ごす母娘は多い。母の他界後もなお胸に淀みを抱え続ける私のような娘から見ると、傷つけ合うことを厭わず対峙する母と娘の何と潔いことか。そして両者が完成させたテント、その名も「Shelter for our secrets（わたしたちの秘密のための避難所）」には、一陣の風が吹き抜けていくように見えるのだった。

❀

母が娘に愛情だと信じて与えるものが、娘からすると呪縛でしかないことがしばしばある。『母という呪縛 娘という牢獄』（齊藤彩、講談社）は、与える側と受けとる側のすれ違いが最大化した結果の悲劇を記録したノンフィクションである。

二〇一八年のある日、滋賀県の川原で発見された遺体の一部。それは近所に住む五十代女性のものであり、逮捕されたのは同居していた三十一歳の娘だった。

母から医学部への進学を熱望されていた娘は九浪を経験しており、その後看護師になったものの、さらなる進路変更を母から強いられていた。通信社の記者時代の著者がこの事件を取材すると、読者から大きな反響が寄せられる。

丹念な取材によって、母と娘の歪んだ密着ぶりを明らかにする本書。母は娘の携帯電話をチェックし、毎晩一緒に入浴し、目の届く場所で勉強させた。結果を出さない娘を母は憎み、自身を縛る母を娘は憎みながらも、二人だけの生活が続いたのだ。

両者の間に風が吹き抜けることはなく、思いが相手に伝わることもなかった。この状態を終わらせるには、どちらかが死ぬしかない、と思うまでに娘は追い詰められる。すなわちこの事件は、長島有里枝と母が作ったテントとは反対の「結果」なのだと言えよう。

母親の言動には常軌を逸した部分が多々見られるが、彼女をそうさせたものは、何だったのか。娘はなぜ、母を振り切って逃げなかったのか。

著者はその解を、無理に導こうとはしない。ただ、親が子供を自身の存在証明としないこと、そして子供が自分の意思を親に伝えることが、日本の家庭では意外なほどに難しいという事実が、重すぎるほどに胸に迫ってきた。

❀

コロナの状況が微妙な今、旅行を積極的にするかどうかは、個人の裁量に任されている。思えばコロナ初期、「ステイホーム」の号令により、我々は自由に移動することができない状況に陥った。その時はまだ、ステイホームが感染拡大への対抗策だったのであり、不要不急の旅はご法度となったのだ。

そんな時、人が少ない深夜に自転車での旅を始めたのが、交通系ユーチューバーのスーツ氏。電動アシスト自転車、使える！ との手応えを得た氏がその後行った東海道走破の旅の記録が、『スーツの東海道五十三次自転車の旅 東京・日本橋から京都・三条大橋』(二見書房)である。

百七十万人超の総チャンネル登録者数を持つ著者は、交通系ユーチューバー界の若きエース。YouTubeでは鉄道に軸足を置きつつ様々な乗り物に乗っているが、その博識とそこはかとなくユーモラスな語り口の滑らかさが、書籍においても再現されている。

箱根の山も鈴鹿峠も、ママチャリにスーツ(著者のトレードマーク)姿で越えていく、スーツ氏。汗だくになってペダルをこぐことによって、彼はいにしえの旅人の労苦、および文明の有り難さを痛感するのだった。新幹線、何と早くて便利なことか、と。

途中でいったん帰ったりせず、宿場町の宿に泊まりつつ、九日間ずっと自転車をこぎ続けるその旅。若いからこそできる旅でもあるが、一方では年に似合わぬ老練な視線を持っているところも、彼の魅力である。

「地域の歴史を知ることが、移動の感動を増やすもっとも身近な手段」

と、宮脇俊三的感覚で街道を見つめる彼は、これからどのような移動を重ねていくのか。かねてYouTubeとは映像版エッセイのような気がしていたが、やはりその親和性は高いようだ。

❀

スーツ氏は自転車で自由に東海道を西へ向かったが、江戸時代は各地に関所があり、人々の移動は厳しく管理されていた。移動は、近代になってから庶民に解放されたのである。

しかし戦争になるとまた、庶民の移動は制限されることに。鉄道は軍事目的での使用が最優先となり、不要不急の旅はできなくなったのだ。

『イコ　トラベリング　1948―』（角野栄子、KADOKAWA）は、そんな戦争が終わってすぐの時代に、「動き続けること」を追い求めた少女の物語である。

『魔女の宅急便』などの作品で知られる著者の自伝的小説である本書。主人公は、敗戦の痛手から抜け出せない東京で生きる中学二年生の「イコ」である。

五歳で母を亡くし、再婚した両親と、その後に生まれたきょうだいと暮らすイコ。今の世の少女がそのような境遇に立たされたなら、自己の欠落部分についての物語を書くことだろう。

しかし八十八歳の著者は、実の母の不在よりも、自身が抱いていた憧れや好奇心に焦点を当てた。イコはアメリカ人の豊かな生活に憧れて「キャロル」という別名を自分につけ、英語の勉強に励むのだ。

そこで出会った英語の「現在進行形」に、彼女は心を摑まれる。自分も常に行動し続けたい、変わり続けたい、と。

広い世界が見られそうな方へ、面白そうなことがありそうな方へと、イコは進み続ける。やがてやってきたのは、海外へ行くチャンス。さてイコはどうするのか……？

「言われたとおりにしか考えることが出来なかった」という戦争中の暗い日々を知るイコは、広い世界を「見なければ、また負ける」と思っている。ここではないどこかを求め続ける彼女の原動力は、戦争がもたらした傷だった。

戦争に負けるまでは動くこと、変わっていくことが自由にできない時代を生きていたからこそ、彼女は動き続けた。タイトルにある「トラベリング」は、まさに現在進行形。イコはきっと今なお、前へと進み続けているに違いない。

（2023年1月26日）

性愛と国道

「週刊文春」でも高齢者向けの健康記事が目立つ今、高齢著者による高齢読者向けの〝老い本〟がブームである。佐藤愛子、樋口恵子、五木寛之……といった昭和時代から活躍を続ける著者達の本は、軒並みベストセラーに。

中でも、一人暮らしの高齢者についての本は人気のジャンルだが、考えてみればメイ・サートンによる日記シリーズは、その先がけ的存在かも。

ベルギーで生まれて両親とともにアメリカに亡命した、詩人で小説家のメイ・サートン。五十八歳の時に、都会生活をやめて田舎での暮らしを始め『独り居の日記』を執筆すると、以降一九九五年に八十三歳で亡くなるまでに、八冊の日記を出版した。

『終盤戦　79歳の日記』（幾島幸子訳、みすず書房）は、サートンの日記シリーズの六作目。「終盤戦」とあるように、著者の健康状態は前作の『74歳の日記』の時と比べ明らかに悪化し、人生の〝終盤戦〟を意識せざるを得なくなっている。前作でも体調の悪い時はあったが、とはいえ「病気がつねに良いほうに向かっていた」。しかし今作では「病気が良くならない」という状態になってきたのだ。

次第にできることが少なくなる事実に向き合った著者は「人に頼ることを受け入れようという努力」をする。日記を自身の手で書くことも諦め、テープレコーダーに吹き込むという手法をも試すのだった。

多くの人の手を借りながらも、自身ができることには果敢に挑み、一人で暮らし続ける著者。家族がいないことが「惨めでたまらなくなる」こともあれば、飼い猫と共に孤独を楽しむ気持ちになることもあり、その精神状態は、浮沈を繰り返す。

老いという新たな体験に戸惑う著者と同年代の人々にとって本書は、手を取り合う友のような存在となろう。同時に、これから老いてゆく〝未老〟の人々にとって本書は、未来への手引きとなる。

老い本ブームの担い手は、高齢の人々だけでないのだろう。老いることへの不安を募らせつつある私のような〝未老人〟にもまた、客観的に老いを見つめる高齢者の声は沁み入ることを、本書を読みつつ実感した。

❀

『終盤戦　79歳の日記』において、九月九日のメイ・サートンは、過去の情事などの様々な出来事を次々と思い出し、眠れなくなっている。それは彼女にとって「拷問のような苦しみ」だった。

そのような夜は、誰にも訪れるものなのだろう。短編集『別れの色彩』（ベルンハルト・シュリンク著、松永美穂訳、新潮クレスト・ブックス）の一篇「老いたるがゆえのシミ」の主人公の男性もまた、自身の七十歳の誕生パーティーを開いた後、過去の経験を思い出しては悶々とする。それまでの人生でしてきた「卑怯なこと、気まずいこと、過ち」の記憶が、彼を苦しめるのだ。

そこで彼は、過去の不倫相手に会いに行く。かつて、「妻が妊娠したから」と別れを告げたその女性との再会を果たすと、彼は自身の心境を吐露するのだが、その時の彼女の反応は……？

本書に収められた短編にはそれぞれ、別れの記憶と別れの予感が溶け込んでいる。近所に住む少女と、長い時間をかけて親密な関係を築いた校閲者に訪れた、別れ。自宅にホームステイをさせた若い娘と夫が関係を持ったことによって崩壊した家庭。別れは時に、重大な真実を覆い隠し、再会がその真実を連れてくるのだった。

読み進むにつれて読者の胸に蘇ってくるのは、かつての別れがもたらした痛みである。時を経てすっかり癒えたと思われた傷を、本書は残酷に、しかしほとんど快感をもたらすほどに甘く刺激する。

別れの記憶とともにぶり返すのは、自身の言動に対する恥と、後悔。それは本書に登場する人物達が抱える恥と後悔と呼応して、いつまでも胸に響き続けるのだった。

❀

『女の旅』（花房観音、大洋図書）は、タイトル通り、旅の本である。それは、性愛をテーマにした小説を書く著者の人生を、「場所」をたどることによって示した旅の本。

たとえば二〇〇一年頃、大阪の十三《じゅうそう》。そこは著者が、「二十五歳の遅い初体験の相手に金を要求され続け、消費者金融の借金が膨らみ、どうしようもなくなって」「本番のない風俗をやるしかない」と、SMクラブの面接に来た街。

なぜこの仕事をしようを思ったのか、と尋ねるママに、自身の過去を語る著者。そこで何も否定せずにただ、

「優しいのね」

とだけ返すママの言葉に、著者は涙する。

彦根であれば、そこは「団鬼六が生まれた、『聖地』」。団鬼六は、「社会からこぼれ落ちた、まっすぐ生きられないアウトローたち」を、「優しい目線で掬いあげて描いた」作家であり、著者もまた掬いあげられた一人なのである。

二〇一〇年の夏、彦根の団鬼六の生地に赴き、「団鬼六賞を、受賞させてください」と祈った著者。その翌月に同賞の受賞が決定し、著者は作家としてデビューを果たすのだった。

売春島と言われた、渡鹿野島。飛田新地。かつて逢瀬を重ねたラブホテルがある街。……著者はそれらの地を、決して性愛と離れては生きていくことができない人間の哀しみを踏みしめつつ歩く。

やがてその足は、恐山へ、そして熊野は那智へ。性と死の境目をも、著者は覗き込むのだった。京都の五条楽園を訪れた時は、絨毯から照明までが赤いお茶屋の部屋を見て、

「赤は女の色だ」

と思う著者。それは男と女の欲望の色であり、女が毎月流す血の色。そんな真紅の装丁が嗚呼、目に痛い。

❀

旅をするなら遠い場所へ行きたいと、今までは思っていた。距離によって日常から切り離される場所でないと、旅のロマンが感じられない、と。

しかし昨今、そうして避け続けてきたが故に、近い場所を見ていなかったことに気づく。近さという遠さが、そこにあったのだ。

それはたとえば、東京に住む者にとっての関東地方。特に北関東の各県は、近くて遠く、知っているようで知らない地である。

そんな北関東を、一本の国道を通して見るのが、『**北関東の異界　エスニック国道354号線　絶品メシとリアル日本**』（室橋裕和、新潮社）。高崎から始まり、群馬から茨城へと走るこの国道の沿線には、ブラジル人、パキスタン人、ミャンマーから逃れたロヒンギャ難民等、外国人のコミュニティが多い。

なぜ外国人は、354沿いに集まるのか。そんな疑問を抱きつつ著者が国道を走れば、そこにあるのは外国人による外国人向けの飲食店や、食料品店。日本人の舌に合わせていない、いわゆる「ガチ」な各国料理が、354沿いでは作られ、食べられていた。

カレーやビリヤニ、ヤムウンセンにソムタムといった料理を旺盛に食べ、そこに住む人と話しつつ、著者は北関東の移民と、354が進めた北関東の工業化の関係性を探る。様々な国の人々があちこちに住む様を見ていると、多様性という言葉も頭に浮かぶのだ。

しかしそれは、多様化、国際化とはまた異なる状況なのだろう。言葉の壁等が立ちはだかり、地元に住む日本人と外国人達との接点は、多くない。ましてや県外に住む我々にとって、彼等は「見えない人々」なのだから。

工場労働、中古車販売、農業、介護など、北関東の外国人は様々な仕事に就いている。その仕事が日本人の生活を支える一方で、彼等の存在感の何と薄いことか。外国人は労働者としてのみ滞在しているのではなく、食べ、祈り、そして年老いる存在であることを可視化する一冊。

（2023年4月20日）

本書は、「週刊文春」連載「私の読書日記」のうち、
著者の執筆分（二〇一四年十月〜二〇二三年四月）
から三十九篇を選び、再構成したものです。

酒井順子（さかい・じゅんこ）

一九六六年生まれ。エッセイスト。高校生のときから雑誌で執筆を始める。大学卒業後、広告会社勤務を経てフリーに。二〇〇三年に発表した『負け犬の遠吠え』がベストセラーとなり、婦人公論文芸賞、講談社エッセイ賞を受賞。女性の生き方、古典、旅、文学などをテーマに幅広い執筆活動を行っている。

著書に『ユーミンの罪』『子の無い人生』『源氏姉妹』『家族終了』『ガラスの50代』『うまれることば、しぬことば』『女人京都』『日本エッセイ小史』『本が多すぎる』など多数。